ALGER
BOU-FARIK — BLIDAH
ET LEURS ENVIRONS

NOUVELLE BIBLIOTHÈQUE ALGÉRIENNE

COLLECTION A. JOURDAN

ALGER
BOU-FARIK — BLIDAH
ET LEURS ENVIRONS

GUIDE
GÉOGRAPHIQUE, HISTORIQUE & PITTORESQUE

PAR

ÉDOUARD DALLES

ACCOMPAGNÉ

d'un plan d'Alger et d'une carte de ses environs
Par O. MAC-CARTHY

DEUXIÈME ÉDITION

ALGER
LIBRAIRIE ADOLPHE JOURDAN
IMPRIMEUR-LIBRAIRE-ÉDITEUR

1888
Droits de reproduction et de traduction réservés.

AU LECTEUR

Connaître l'Alger d'aujourd'hui, chercher l'Alger d'autrefois au milieu des débris que la pioche du progrès ne tardera pas à atteindre ; reconstituer l'histoire des Berbères, des Arabes et des Turcs, leur état social, leurs mœurs, au moyen des monuments et des légendes qu'ils nous ont laissés, tel a été le but constant de mes promenades et de mes recherches, dont je publie aujourd'hui le résultat.

Faire revivre le passé est une occupation pleine de charmes pour certains esprits ; pour ceux-là, une ville n'est point seulement une agglomération de maisons et de rues : c'est surtout un ensemble de souvenirs.

Dans cet ordre d'idées, j'ai réuni un certain nombre de citations empruntées, autant que possible, aux écrivains qui ont été les témoins de ce qu'ils racontent. Je n'ai pris la parole que pour parler du présent, et je l'ai fait alors dans le seul but d'être vrai et de décrire le tableau placé sous mes yeux, tel qu'il est, ou, du moins, tel que je l'ai vu.

Alger, le 15 décembre 1875.

DEUXIÈME ÉDITION

Le plan du Guide n'a pas été modifiée dans la deuxième édition. On a simplement noté les transformations d'hier, complété quelques renseignements et grossi les emprunts faits aux témoins oculaires du passé.

Alger, le 15 décembre 1887.

E. D.

ALGER

I

DESCRIPTION. — HISTOIRE. — POPULATION.
CLIMAT. — COMMERCE

Aspect d'Alger. — Quand vous arrivez à quelques milles de la côte, s'il est nuit, le garçon du bord vous éveille : « Nous arrivons », crie-t-il, de cabine en cabine. Une toilette sommaire, et vous êtes sur le pont. Vous distinguez alors une série de points brillants, se détachant sur un fond encore sombre ; une première ligne de feux, parallèle au rivage, dessine les quais ; au-dessus, une ligne, d'une régularité parfaite, qui rappelle la rue de Rivoli à Paris, dessine le splendide boulevard de la République, et enfin quelques petites lignes dont la longueur diminue vers le haut, comme les cordes d'une lyre renversée. Les feux de l'entrée du port deviennent peu à peu distincts, et vous faites votre entrée dans le plus profond silence, à peine troublé par les commandements du capitaine. Vous avez devant vous une masse blanchâtre dont la forme vous échappe. Restez à bord jusqu'au jour ; c'est ce que vous pouvez faire de mieux, à moins qu'un ami ne vienne vous prendre.

Si vous arrivez de jour, Alger se présente à vous de face ; je n'essayerai pas de vous le décrire, c'est chose, à mon avis, à peu près impossible (chacun voit le spectacle à sa façon, suivant son tempérament et sa disposition d'esprit), ceux qui l'ont essayé ont eu recours aux comparaisons les plus hasardées ; mais, hélas ! les comparaisons n'ont jamais rien prouvé que la richesse d'imagination de leurs auteurs.

Voici mon conseil : si vous voulez bien voir Alger de face, allez au musoir Nord de l'entrée du port, vers neuf heures du matin ; si vous préférez les vues de profil, rendez-vous à la sortie Nord du Jardin d'essai, et regardez.

Port d'Alger. — En examinant le rivage où est assis Alger, on peut remarquer, en face de la caserne *Lemercier*, une saillie naturelle qui a disparu, en partie, sous les fondations de la jetée *Kheïr-ed-Din*, mais dont on peut voir encore les assises rocheuses au N.-O. de cette jetée; en avant et à 200 mètres environ dans la mer, surgissaient les îlots rocheux qui ont valu à la ville le nom de *Djezaïr*. Du milieu du groupe s'avançait vers la saillie du rivage une série de pointes de rochers, barre naturelle qui dessinait l'enceinte du mouillage.

C'est là qu'il faut placer l'ancien port d'Alger, pendant la période romaine et la période berbère et arabe, quoiqu'il ne reste aucune trace de quai, de jetée ou de débarcadère.

En 1510, après une expédition entreprise contre les Algériens, les Espagnols, pour mettre un terme aux brigandages des corsaires barbaresques, élevèrent sur les îlots un fort connu sous le nom de Peñon (de *peña*, rocher), « *si près des murailles, qu'avec les arquebusades ils pouvoyent offenser ceux de dedans; joint aussi que l'artillerie outrepassoit les murailles et faisoit brèche.* (Description de l'Afrique, par Jean Léon, l'Africain, 1556.)

Telle était la situation du mouillage d'Alger, lorsque le second des Barberousse entreprit de réunir le groupe d'îlots à la terre ferme, en suivant le banc de rochers qui régnait de l'un à l'autre. Une chaussée continue, élevée au-dessus des pointes les plus hautes, fit disparaître les lacunes qui auparavant existaient entre elles. Le port se trouva fermé du côté du nord. On tira les matériaux en partie du peñon espagnol, en partie de la ville romaine du cap Matifou. Des milliers de chrétiens perdirent la vie dans ces rudes travaux.

Kheïr-ed-Din compléta son œuvre par la réunion des quatre îlots; il en forma un seul et même massif, dont la plate-forme sert aujourd'hui de base aux établissements de l'artillerie et de la marine.

Une fois exécuté, l'ensemble de ces deux ouvrages offrit l'image d'une ancre colossale jetée à l'avant de la capitale des corsaires, comme pour la retenir fortement au rivage et lui rappeler à jamais son origine et sa destinée.

Kheïr-ed-Din n'avait eu en vue que les injures de la mer; Hacen, son successeur, songea à des attaques d'un autre genre. Il fit établir les premières batteries de l'île.

Sous le règne de Salah-er-Reis, la création de Kheïr-ed-Din reçut encore des améliorations importantes. Une nouvelle chaussée, beaucoup plus haute que la première, s'éleva sur toute la longueur de la jetée; un enrochement de gros blocs la protégea contre les envahissements de la mer. C'est cette même chaussée qui, aujourd'hui encore, conduit de la porte de la ville aux voûtes de la marine.

A force de travaux et de dépenses, Alger se trouvait enfin pourvu d'un port; mais cet abri était déjà loin de valoir les sacrifices qu'il avait dû coûter : d'une part, il manquait d'étendue et de profondeur; de l'autre, il recevait en plein les vents du nord-est et la houle furieuse qu'ils soulèvent.

C'est alors que fut entrepris, dans l'espoir, sans doute, de le terminer, ce fameux môle enraciné à la pointe méridionale de l'île, travail gigantesque commencé par les Turcs, il y a deux siècles, continué, depuis 1830, par les Français, et qui s'avance lentement dans le vide de la mer sans savoir où il s'arrêtera.

Chaque année, un grand nombre de malheureux esclaves chrétiens y mouraient à la peine, et, chaque année, la tempête emportait une partie des fruits de cet impitoyable holocauste. Des sommes immenses furent englouties dans ce môle, qui n'atteignit, cependant, sous les Turcs, qu'une longueur de 140 mètres. Rappelons que, tous les ans, quand venait l'équinoxe d'automne, la flotte turque s'empressait d'appareiller ; elle quittait ce dangereux mouillage et allait prendre sa station d'hiver dans la rade de Bougie. Là du moins elle trouvait une sûreté qui n'avait pas coûté au trésor de la Régence un seul para.

Aussitôt après la capitulation d'Alger, l'administration française prit des mesures pour la conservation et l'entretien des ouvrages exécutés par les Turcs. Plus tard elle entreprit de les continuer. Des roches naturelles furent d'abord employées à ce travail; c'étaient d'immenses matériaux ; le transport, qui le plus souvent devait avoir lieu à travers la ville, offrait beaucoup de difficultés et de dangers; et cependant, ils ne suffisaient pas encore pour résister à l'action des vagues. L'idée vint de leur substituer des roches artificielles. D'énormes blocs de béton furent coulés dans des caisses en bois, disposées sur le rivage même; en quelques jours, ils acquéraient une dureté égale à celle du roc vif. Alors ils étaient enlevés à l'aide de machines puissantes, et précipités dans la mer. C'est avec ces pierres de taille cyclopéenne que le môle d'Alger a été continué.

Les ingénieurs français suivirent d'abord, à défaut d'autre, la direction amorcée par les Turcs. Mais elle réduisait le port à des dimensions qui parurent bientôt beaucoup trop modestes. Dès lors le môle commença à gagner vers le large et annonça des vues plus ambitieuses. Divers projets se présentèrent, et chacun d'eux, après une ou deux années de règne, s'effaçait devant une conception plus grandiose. Au milieu de ces débats, le môle marchait et reproduisait dans sa forme le mouvement des idées. A chaque hausse il s'enhardissait et s'épanouissait vers le large. Ces inflexions successives ont fini par imprimer à la jetée française une courbure bizarre, injustifiable, contraire aux données de l'expérience et aux principes de l'art hydraulique, monument impérissable des hésitations administratives, des scrupules diplomatiques, des tiraillements de toute nature qui ont marqué cette conquête.

(*Algérie*, par M. P. Carette, 1850.)

Aujourd'hui, le port est à peu près complètement terminé, et parfaitement sûr; il est formé par deux jetées d'un développement de 2,000 mètres, et offre un bassin de 90 hectares, accessible aux plus grands vaisseaux, sur presque toute son étendue. Au 31 décembre 1868, les dépenses que sa construction avait occasionnées s'élevaient à 40 millions. Depuis cette époque, on a terminé et mis en état de fonctionner deux formes de radoub pouvant contenir les navires du plus fort tonnage. Ces formes sont aujourd'hui à la disposition de la marine et du commerce; on a prolongé la grande jetée Nord, pour couvrir l'entrée du port contre la houle produite par les vents du N. et du N.-O. et donner autant que possible aux eaux de ce port le calme dont les navires ont besoin pour user des formes de radoub, ou pour opérer leur chargement ou leur déchargement le long des quais.

Le port d'Alger se divise en deux parties assez distinctes : la *darse*, et le *port* proprement dit.

La darse ou arrière-port est bordée à l'O. et au N. par le bâtiment de l'amirauté. C'est dans ses eaux que sont amarrés les chalands qui servent à l'embarquement des troupes; elles servent aussi de refuge à la flottille de pêche et aux embarcations des amateurs, ancrées près du rivage, ou halées à terre.

A côté du pavillon de la *Santé*, qui marque la

limite de la darse, une modeste pyramide en marbre blanc, à socle quadrangulaire, rappelle le dévouement du capitaine d'artillerie CHARLES DE LYVOIS, mort en portant une amarre de sauvetage au trois-mâts russe, *la Vénus*, pendant la tempête du 11 février 1835, qui brisa, dans le port même d'Alger, quatorze navires.

Les quais. — Les vrais quais d'Alger s'étendent de la Santé à hauteur de la gare, et sont longés par des rails sur tout leur parcours. C'est là que s'accomplit le grand mouvement d'importation et d'exportation du département d'Alger. Chevaux, moutons, laines, céréales, légumes frais, crin végétal, minerais de diverse nature, partent d'Alger pour les divers ports d'Europe, qui lui renvoient des produits manufacturés, des liqueurs, du bois, etc., etc. — Les diverses compagnies de navigation à vapeur ont établi leurs bureaux sur les quais, à droite et à gauche des *Douanes nationales*, et leur installation est assez gênante pour le camionnage et le débarquement. Les nouveaux quais, continués en ligne droite de la gare aux bassins de radoub, offrent un emplacement immense au commerce.

Les *bassins de radoub*, au nombre de deux, sont construits à l'extrémité S.-O. du port ; entre eux et le boulevard, le chemin de fer fait son entrée à Alger.

Les quais sont limités au sud par le boulevard de la République, qui les domine d'une hauteur de quinze mètres environ. Ce boulevard, dont nous n'examinerons ici que la substruction, a été construit par la compagnie anglaise *Morton Peto*, de 1860 à 1864; l'alignement a été donné par le génie militaire, qui l'a fait concourir à la défense d'Alger, dans le cas d'un débarquement; il dessine un vaste front bastionné dont quelques constructions en saillie assurent le flanquement. Deux rampes grandioses, descendant du boulevard et se croisant en X, à hauteur du square de la République, aboutissent, d'un côté, au quai d'embarquement des bateaux à vapeur, de l'autre à la gare. Une série de hautes arcades soutiennent la chaussée du boulevard et des rampes, et forment ainsi une suite de magasins, de docks, très utiles au commerce algérien. Trois escaliers facilitent au piéton l'accès direct des quais; l'un d'eux conduit à la *Pêcherie*, d'où l'on peut rejoindre la place du Gouvernement.

Nous voici à Alger, occupons-nous d'abord de l'installation du voyageur.

LOGEMENTS. — L'étranger devra s'installer provisoirement dans un hôtel et choisir ensuite un logement selon son goût et ses ressources, à la ville ou à la campagne; les personnes malades devront consulter un médecin pour le choix de l'exposition.

HÔTELS (1.er ordre). — *De l'Oasis*, boulevard de la République; *de la Régence*, place du Gouvernement; *de Genève*, place de la République; *de Paris*, rue Bab-el-Oued; *d'Europe*, boulevard de la République; *des Étrangers*, place de la République.

2.e ordre. — *Hôtel du Louvre*, rue de la Marine; *de France, de la Marine*, rue de la Marine; *du Nord et d'Angleterre*, place de la République; *de l'Univers*, rue Bab-el-Oued; *d'Isly*, rue du Carrefour.

RESTAURANTS. — *De Bordeaux, Grüber*, boulevard de la République; *du Veau-qui-tette*, rue Jénina; *de Paris*, rue des Trois-Couleurs; *du Midi*, rue Mahon; rues Bab-el-Oued, de Constantine, du Vieux-Palais, Rovigo, etc., etc.

CAFÉS. — *De Bordeaux, café Charles, Warot, Gruber* (taverne), et *Bar américain*, boulevard de la République; *Glacier, d'Europe, Tourtel*, *d'Angleterre*, place de la République ; *d'Apollon, de la Bourse* et autres, place du Gouvernement.

BAINS FRANÇAIS. — *Bains du Hamma*, rue du Hamma ; *bains Parisiens*, rue Bab-el-Oued ; *bains de la Marine*, rue de la Marine ; *bains Français*, rue du Soudan ; *bains du Bazar*, rue de Chartres.

BAINS MAURES. — Rues de Nemours, 8 ; de l'État-Major, 2 ; Porte-Neuve, Boutin, Casbah et Sidi-Ramdam. (Ouverture de 6 heures du soir à minuit pour les hommes, et de midi à 6 heures du soir pour les femmes.)

Nous donnons ici, d'après Ch. Nodier, la série des opérations qu'il faut subir dans un bain maure.

On entre d'abord dans une rotonde recouverte d'un dôme d'où se répand la lumière. Cette salle est blanchie à la chaux ; les chapiteaux des colonnes qui la soutiennent sont peints de diverses couleurs ; une fontaine jaillit au milieu. Deux petites galeries superposées, construites en bois, occupent une moitié de cette vaste pièce ; de larges matelas, couverts d'étoffes de laine ou de riches tapis de Smyrne, sont disposés de manière à offrir toutes les commodités d'un doux repos. On fait monter les visiteurs dans ces galeries, en réservant la plus élevée à la personne la plus éminente ; là, on les dépouille de leurs vêtements, qui sont remplacés par une pièce d'étoffe roulée autour des reins et qui descend jusqu'au milieu des jambes; puis chacun d'eux est saisi par trois garçons baigneurs d'une robuste beauté. Leur peau brune et leur barbe noire font ressortir l'éblouissante blancheur de leurs dents, et leurs prunelles, d'un gris pâle, noyées dans le blanc azuré de l'œil, donnent à leur regard une expression singulière et sauvage.

On traverse d'abord deux salles dont la température, graduée avec soin, conduit par une transition supportable, mais non pas insensible, à la salle de l'étuve; de petites ouvertures carrées, pratiquées dans le dôme, une lueur incertaine tombe sur l'épaisse vapeur d'eau chaude dont la salle est remplie. Au centre, à hauteur d'appui, s'élève un massif en maçonnerie autour duquel sont creusées de petites niches d'où s'élancent des filets d'eau presque bouillante.

Les dalles sont chauffées par des calorifères et la température de la salle est si élevée, qu'après être resté quelques minutes soumis à son influence énervante, on se laisse conduire nonchalamment à une place où l'on se couche de soi-même, tant les jambes sont devenues incapables de supporter le poids du corps. C'est là qu'on subit la longue opération du massage et des frictions, au bruit monotone des versets sacrés. Ce n'est pas tout : le patient, saisi avec adresse par des mains agiles et exercées, entend crier une à une toutes ses articulations, on le tord, on l'étend, on le roule en boule, on le retourne sur lui-même, comme le corps flexible du clown, et l'un des serviteurs lui pince successivement chaque vertèbre de l'épine dorsale, tandis que les deux autres profitent de ses soubresauts involontaires pour tirer ses jambes et ses bras en sens inverse, et faire ainsi craquer toutes ses articulations à la fois. On peut s'estimer heureux alors si la sage prévoyance d'un ami vous a appris les mots *barca* (assez) qui font cesser comme par enchantement ce laborieux exercice de gymnastique. Le corps est ensuite frotté de gants de poils de chameau, inondé d'eau de savon parfumée, frotté d'une pâte onctueuse et aspergé d'eau tiède.

Enfin, rien ne manque à un bain complet. Le corps enveloppé de bandes d'une laine très fine, et la tête d'une sorte de turban roulé, on est reconduit avec une gravité qui ne s'est pas démentie un seul instant, sur le lit disposé dans la première pièce ; on y reçoit tour à tour une pipe chargée d'un excellent tabac, un café léger et une limonade excellente. L'eau de fleur d'oranger coule autour de la couche de repos, des parfums enivrants s'y consument, et au son plus assoupissant des voix qui s'apaisent, les membres doucement frottés d'une main légère à travers les étoffes qui les couvrent, on cède ordinairement à un délicieux sommeil, enchanté par les plus charmantes rêveries. Tels sont les bains d'Alger.

Aujourd'hui le luxe n'est plus le même; les tapis et les parfums ont à peu près disparu, mais le patient est soumis aux mêmes tortures, que les amateurs qualifient de délicieuses sensations.

Importance d'Alger. — Il ne faut pas chercher l'importance d'Alger dans le nombre de ses habitants, dans son commerce dont le chiffre est atteint et même dépassé par d'autres ports du littoral. Alger est la première ville de la colonie à laquelle elle a donné son nom, par son importance politique, comme centre du gouvernement colonial, par son site merveilleux, ses environs pittoresques, par la douceur et la régularité de son climat d'hiver. Si le touriste ne trouve pas encore le confortable des villes d'eau et des stations choisies depuis longtemps par la mode, il jouira ici d'une liberté d'allures plus franche, moins guindée. Le peintre y retrouvera la lumière de Delacroix, de Fromentin, de Regnault, se jouant sur la mer bleue, le blanc minaret d'une mosquée, ou sur les dessins bizarres d'un tapis d'Orient; le poète y peut rêver à son aise sous les palmiers ou les bambous; le chasseur trouvera, presque aux portes, le gibier le plus nombreux et le plus varié qu'il ait jamais pu rêver, la veille d'une Saint-Hubert. Enfin de charmantes villas, perdues au milieu des fleurs ou d'arbres toujours verts, peuvent abriter les douceurs d'une lune de miel ou les premiers pas d'un enfant.

Histoire succincte de la ville d'Alger. — Alger, dont le nom est à peine prononcé par les historiens et géographes de l'antiquité, peut cependant se vanter d'une origine qui remonte jusqu'aux temps héroïques, si l'on admet certaines traditions qui le concernent, car il est la continuation de cet *Icosium* dont Solin raconte en ces termes la fondation : « Hercule, passant en cet endroit, fut abandonné par vingt hommes de sa suite, qui y choisirent l'emplacement d'une ville dont ils élevèrent les murailles ; et afin que nul d'entre eux n'eût à se glorifier d'avoir imposé son nom particulier à la nouvelle cité, ils donnèrent à celle-ci une désignation qui rappelait seulement le nombre de ses fondateurs. »

Le nom d'*Icosium* n'est pas souvent mentionné dans l'histoire romaine. Cette ville a possédé des évêques, ce qui ne prouve pas beaucoup en faveur de son importance, puisque, dans ces temps anciens, des bourgades fort peu considérables ont eu le même avantage, ces prélats n'ayant pas, dans la primitive Église, l'importance hiérarchique qu'ils ont acquise plus tard. Voici le texte latin de l'inscription qui a permis de constater l'identité d'Alger actuel avec l'antique *Icosium*, texte où les abréviations ont été complétées :

Julio (ou *Publio*) *Sittio, Marci Filio, Quirinâ.*
Plocamiano,
Ordo Icositanorum.
Marcus Sittius, Publii filius, Quirinâ.
Cæcilianus.
pro filio
pientissimo
Honore recepto impensam remisit.

On peut lire aujourd'hui cette inscription sur un pilier des arcades de la rue Bab-Azoun, à l'angle de la rue du Caftan.

Les Vandales détruisirent Icosium presque en entier, mais il fut rebâti immédiatement après leur passage, sur le même emplacement.

L'influence des Byzantins, leurs successeurs, ne s'exerça guère que sur l'ouest de l'Algérie ; elle fut, au reste, de très courte durée.

Vers le milieu du VIIe siècle, les Arabes venus d'Égypte étendirent leur puissance jusqu'au littoral atlantique ; sous leur domination, le nom gréco-latin d'*Icosium* disparut et fut remplacé par celui de *Mezarhanna*, du nom d'une tribu berbère qui, selon les chroniques locales rapportées par Marmol et vivaces encore aujourd'hui, a fondé Alger; puis, à cause des îlots qui étaient en face et qui formèrent plus tard le noyau du môle bâti par les Turcs, on l'appela El-Djezaïr-beni-Mezarhanna, et, par abréviation, El-Djezaïr (les îles), nom que les Arabes lui donnent encore aujourd'hui. (Voir A. Berbrugger, *Notice sur les antiquités d'Alger*.)

Sous les Arabes, Alger n'eut jamais qu'une importance secondaire. Après avoir appartenu à Tlemcen, à Bougie, et de nouveau à Tlemcen, il passe successivement par des phases de prospérité et de décadence, que la description des géographes nous fait connaître assez imparfaitement.

El-Bekri, qui visita Alger en 1067, en parle ainsi : « Cette ville, également belle et ancienne, renferme de magnifiques monuments d'antiquité et des portiques d'une construction parfaite... Le port est parfaitement sûr et renferme une source d'eau douce. On y voit aborder continuellement des vaisseaux de la province d'Afrikia, d'Espagne et d'autres contrées. »

Au XIIIe siècle, El-Abdery de Valence, après avoir admiré le site d'Alger et les avantages qui pourraient résulter, pour cette ville, de sa situation au fond d'un golfe, à proximité de la riche plaine de la Mitidja, ajoute : « Cette ville est privée de la science, comme un proscrit est privé de sa famille ; il n'y reste plus aucun personnage qu'on puisse compter au nombre des savants, ni un individu qui ait la moindre instruction... »

A la fin du XVe siècle, Alger n'était qu'un refuge de pirates, qui venaient mouiller dans son port et y apportaient le fruit de leurs rapines ; les Espagnols, pour faire cesser ce brigandage, firent plusieurs expéditions sur les côtes d'Afrique. En 1510, ils soumirent Alger à un tribut annuel et construisirent une forteresse sur les îlots en face et à 200 mètres du rivage.

Quelques années après (1515), les deux frères *Baba-Aroujd* et *Kheïr-ed-Din*, pirates hardis venus de Constantinople, s'emparèrent d'Alger et y fondèrent la domination turque qui ne devait finir qu'en 1830. Le premier soin des pachas fut de chasser les Espagnols et d'entourer le siège du nouveau gouvernement de forts et de fossés ; tranquilles au dedans, ils étendirent leur domination sur tous les petits royaumes voisins, constamment en lutte ; leur puissance s'étendit bientôt de Tlemcen à Constantine, jusqu'au Sahara.

Alger connut alors la splendeur. Les corsaires

lui apportaient les riches prises opérées sur les bâtiments chrétiens et aussi quelquefois sur les côtes d'Espagne, de Sicile, d'Italie et même de France. Ces exploits étaient de temps à autre interrompus par une expédition de quelque puissance européenne, par un bombardement; mais l'orage n'était, pour les Algériens, que de courte durée, et chaque année les rendait plus arrogants. « Fiers de tenir en échec les maîtres du monde, défendus par des côtes inhospitalières, appuyés sur les barbares populations de l'Afrique, enrichis par leur pillage, les pirates se croyaient et se proclamaient invincibles..., et les peuples d'Europe, désespérant de jamais les vaincre, se résignaient, l'un après l'autre, pour échapper à ces corsaires, à acheter honteusement à prix d'or une paix chaque jour violée. »

Telle était la situation d'Alger au commencement du xix° siècle. La France était la puissance européenne dont les intérêts y étaient alors le plus directement engagés. Le pacha-dey d'Alger, dans un moment d'orgueilleuse colère, « inflige à notre représentant le dernier des outrages, et lui déclare, par surcroît, n'avoir nul souci de son roi ni de sa nation. Cet acte est suivi de la destruction violente de notre commerce et de nos comptoirs dans la Régence. On essaye encore la voie de la conciliation ; mais à notre ambassadeur, qui attend dans la rade d'Alger la réponse à notre prière, le dey envoie, pour toute excuse, avec l'insolence d'un barbare, une bordée de canons chargés à mitraille. C'est le coup de tonnerre, par lequel la Providence déchaîne la tempête. » (*L'armée et la mission de la France*, par Mgr l'Archevêque d'Alger, 1875.)

Le roi Charles X décide l'expédition d'Alger, dont le commandement est confié au général de Bourmont. L'armée française débarque à la presqu'île de Sidi-Ferruch, le 14 juin 1830 ; après les brillantes journées de Staouéli et de Sidi-Khalef, et la prise du fort l'Empereur, elle fait son entrée triomphale dans Alger, le 5 juillet.

Description d'Alger. — Avant de décrire Alger, tel que nous le voyons aujourd'hui, il nous a paru intéressant de présenter au lecteur quelques descriptions de l'Alger d'autrefois. Le touriste pourra ainsi se livrer à un sérieux travail de restauration, travail riche en émotions intimes pour les esprits séduits par la poésie du passé ou qui aiment à donner aux scènes de l'histoire le cadre vrai qui leur est particulier.

Nous empruntons la première esquisse au bénédictin Fra Diégo de Haedo, dont la relation, composée à la fin du XVIe siècle, et publiée en 1612 à Valladolid, se recommande par la plus scrupuleuse exactitude. (*Traduction* de MM. Berbrugger et Dr Monnereau.)

Le circuit des murailles de cette ville peut être, par sa forme, comparé à un arc muni de sa corde; son front de mer s'étend entre l'E. et l'O.; le port suit également cette direction, ainsi que les angles, les galeries et les terrasses de toutes les maisons, qui sont dépourvues de fenêtres, comme nous le dirons plus loin.

Les murs, qui représentent le bois de l'arc, sont établis sur une colline qui va en s'élevant graduellement jusqu'à son sommet, et les maisons, qui suivent aussi cette direction, sont bâties les unes au-dessus des autres, de telle sorte que les premières, bien que grandes et hautes, n'empêchent point la vue de celles qui se trouvent derrière elles.

Une personne qui, de la mer, fait face à la ville d'Alger, se trouve avoir à sa droite l'une des extrémités de cet arc correspondant au N.-O.; en face, le sommet de cette ville, qui regarde le S., en inclinant un peu vers l'O.; à sa gauche enfin, l'autre extrémité qui est orientée vers le S.-E. Entre ces deux points extrêmes, et pour compléter la ressemblance que nous avons indiquée, s'étend, pour figurer la corde de l'arc, une muraille moins élevée que les autres, bordant la mer et continuellement battue par la vague.

Notre comparaison se trouve, il est vrai, un peu défectueuse en ce qui concerne la corde de l'arc, parce que la muraille qui la figure, au lieu d'aller en ligne droite, d'une extrémité à l'autre, comme cela doit être, fait, avant d'atteindre le côté droit de l'arc, une forte saillie en mer sur une pointe naturelle formant une espèce d'angle ou d'épaulement. C'est à partir de cette pointe en saillie, qui part de l'extérieur d'une porte de la ville, que commence le môle établi par Kheïr-ed-Din Barberousse pour former le port, ce qu'il exécuta en comblant par un terre-plein la courte distance qui existait entre la ville et l'îlot. Au delà de cette pointe, la terre et la muraille forment une rentrée qui va rejoindre directement l'extrémité droite de l'arc. Cette enceinte est de tout point très solidement bâtie et crénelée à la mode ancienne. Du côté de la terre, son pourtour est de 1,800 pas, et de 1,600 sur le front de la mer, ce qui lui donne un développement total de 3,400 pas.

. . . .

A l'intérieur de ses murailles, elle ne renferme que 12,200 maisons, grandes et petites, car le développement de son enceinte n'est pas considérable, et il n'y a pas une seule de ces habitations qui ne contienne une cour d'une plus ou moins grande étendue. Toutes les rues, plus étroites que les rues les plus rétrécies de Grenade, de Tolède ou de Lisbonne, peuvent livrer passage à un cavalier, mais pas à deux hommes de front. Une seule rue fait exception, c'est la grande rue du Socco (*souk*, marché), que nous avons dit traverser la ville, en ligne directe, de la porte Bab-Azoun à la porte Bab-el-Oued, parce qu'elle forme une espèce de marché, bordée, de chaque côté, d'un nombre infini de boutiques, où l'on vend toute sorte de marchandises; encore cette rue, qui est la principale et la plus large voie d'Alger, atteint à peine, dans sa plus grande largeur, 40 empans tout au plus, et, sur bien des points, elle est de beaucoup plus étroite. En résumé, les maisons de cette ville sont tellement agglomérées et serrées les unes contre les autres, qu'elles la font ressembler à une forme de pain bien unie. Il résulte de cet état de choses que les rues sont très sales, pour peu qu'il pleuve, parce que toutes ont le grand inconvénient d'être très mal pavées. A part la grande rue du Souk, dont il vient d'être parlé, aucune d'elles n'a l'avantage d'être droite ou alignée, et encore, cela peut-il se dire ? car dans toutes les villes bâties par les Maures, il est d'usage de n'apporter aucun soin et aucun ordre dans l'établissement des rues.

Quant à l'architecture de leurs maisons, il n'en est plus ainsi; la plupart d'entre elles, ou, pour mieux dire, presque toutes sont très jolies. Elles sont généralement bâties à la chaux, et très solidement, et couvertes en terrasses, sur lesquelles on étend au soleil le linge pour le faire sécher. Les maisons sont tellement rapprochées et les rues si étroites, que l'on pourrait parcourir presque toute la ville en passant d'une maison à l'autre; c'est, du reste, le moyen qu'emploient, pour se visiter, beaucoup de femmes de la ville. Mais cette grande facilité de communication par les terrasses expose à des vols, comme cela arrive souvent, car les voleurs savent très bien aussi prendre ce chemin, si on n'y veille pas. Il est bien peu de ces maisons qui n'aient, avec un grand vestibule, une cour spacieuse, destinée à éclairer largement l'intérieur ; car, comme les Maures ne veulent pas que leurs femmes ou leurs filles voient au dehors ou soient vues, ils ne font pas ouvrir de fenêtres sur les rues, comme il est d'usage en pays de chrétienté. Ces vestibules et ces cours, généralement construits en briques avec beaucoup de goût, sont pour la plupart ornés, sur leurs parois, de carreaux de faïence de diverses couleurs. Il en est de même des corridors et des balustrades situés à l'intérieur de ces cours, qui ressemblent aux cloîtres des monastères ; ces ouvrages, entretenus avec le plus grand soin, sont frottés et lavés chaque semaine. Comme pour ces lavages et pour leurs autres besoins une grande quantité d'eau est nécessaire, chaque maison a généralement son puits et beaucoup ont aussi même une citerne. L'eau des puits est lourde et saumâtre ; on ne boit que celle des fontaines qui sont belles et nombreuses au dedans et au dehors de la ville.

A l'extérieur des remparts, on ne trouve point, quant à présent, comme dans toutes les localités, d'autre faubourg que vingt-cinq maisons environ, formant une rue qui, des abords de la rue Bab-

Azoun, suit la direction du Sud. Ces maisons, avec leurs hangars, servent de refuge à quelques pauvres, et d'abris aux Arabes et à leurs montures, quand ils viennent à la ville. Des Maures, qui possèdent des fours à chaux dans cet endroit, en habitent aussi quelques-unes.

Nous demanderons une vue d'Alger, au moment de l'entrée des troupes françaises en 1830, à M. d'Ault Dumesnil, alors officier d'ordonnance du général de Bourmont :

La ville d'Alger est bâtie en amphithéâtre sur un rocher dont l'inclinaison est tournée vers l'est. L'enceinte de cette étrange cité, telle que nous la trouvâmes, avait la figure d'un triangle, dont la base, formant une ligne brisée tracée par le rivage, présentait le côté le plus étendu. Les deux autres côtés montaient jusqu'à la Casbah, située au sommet du triangle. Un mur à l'antique, avec des tours de distance en distance et avec une espèce de fossé du côté sud et un ravin profond du côté nord, fermait cette enceinte. La ville offrait l'aspect d'une masse de maisons, recouvertes d'un enduit d'une blancheur éblouissante, que sillonnaient des ruelles étroites et tortueuses, où deux mulets ne pouvaient se croiser qu'au moyen des retraites qu'on avait pratiquées çà et là.

L'usage des voitures était entièrement inconnu dans la ville et dans tout le pays. Des marches, construites en pierres, étaient espacées de six pieds en six pieds dans la plupart de ces ruelles, pour en faciliter la descente, qui serpentait sur un plan très incliné. L'extérieur des maisons ne présentait que des murailles élevées, sans autres ouvertures que quelques petits soupiraux rectangulaires pratiqués dans leurs parties supérieures ; mais l'intérieur, dont une petite porte basse fermait l'entrée, avait parfois toute l'élégance de l'architecture mauresque, avec son luxe de colonnes en marbre. « *Dans les États despotiques, chaque maison est un empire séparé,* » a dit Montesquieu. La vue d'Alger suffirait pour constater la vérité de cette observation de l'auteur de l'*Esprit des lois*. Il y avait des citernes et des fontaines dans les maisons et dans les rues de la ville. On n'y apercevait aucun monument ; les nombreuses mosquées qu'elle possédait n'étaient pas dignes de ce nom. La petite île sur laquelle étaient établies les batteries qui rendaient Alger formidable du côté de la mer était rattachée à la terre par un môle. C'était cette île qui, avec le môle muni de batteries casematées, enfermait le port ou la darse. La ville avait cinq portes : deux ouvraient sur le côté de l'enceinte triangulaire régnant le long de la mer ; deux autres se trouvaient, aux extrémités inférieures, des deux autres côtés de l'enceinte, l'une appelée Bab-Azoun, c'est-à-dire d'Azoun, au bas du côté sud, et l'autre dite Bab-el-Oued, c'est-à-dire porte du ruisseau, au bas du côté nord. La cinquième, nommée Porte-Neuve, se trouvait à environ 120 mètres au-dessous de la Casbah, sur le même côté de l'enceinte que la porte Bab-Azoun. Hors des deux portes Bab-el-Oued et Bab-Azoun, étaient deux faubourgs dits faubourg de Bab-el-Oued et faubourg de Bab-Azoun. Hors de ces deux portes, la ville était aussi flanquée de deux forts, élevés sur les bords de la mer. L'un, appelé Fort-Neuf, était voisin de la porte Bab-el-Oued et armé de trente-six bouches à feu; l'autre, situé à 300 mètres de la porte Bab-Azoun et appelé fort Bab-Azoun, était armé de quarante-huit bouches à feu.

Nous ajoutons à ces citations une description humoristique d'Alger.

Figurez-vous Paris englouti dans la Seine
Et Montmartre debout, seul dominant la scène;
La pleine mer sera vers le quartier latin
D'où viendront les vaisseaux, dans le quartier d'Antin,
Mouiller au bord du quai qui sera Saint-Lazare;
Passez au lait de chaux ce Montmartre bizarre,
En triangle étendant sa base dans la mer
Et dont le sommet fuit sur le ciel outremer.
Enveloppez le tout d'une vapeur ignée,
Et vous aurez Alger, la ville calcinée,
Mine de plâtre blanc échelonnant le sol,
Sans un arbre dont l'ombre y fasse parasol;
Vrai fouillis de maisons, sans art, mais non sans grâces,
Entre elles faisant corps et toutes en terrasses,

Si bien qu'on peut aller, aéronaute à pié,
L'un chez l'autre, le soir, fumer le latakié ;
Et puis, quand le sommeil a pris la ville entière,
Faire, ainsi que les chats, l'amour sur la gouttière.
(*Première Algérienne*, par M. A. de Chancel, 1844.)

Et maintenant, pénétrons dans Alger de 1888.

Plan d'Alger, enceinte fortifiée. — Un plan d'Alger présente un quadrilatère presque rectangulaire, dont les quatre sommets correspondent à peu près aux quatre points cardinaux : le fort Bab-Azoun (prison militaire) à l'E., le quartier des Tagarins au S., l'arsenal d'artillerie à l'O., et la caserne Lemercier au N. La mer baigne le côté N-O.; une enceinte fortifiée forme les faces S.-E.

L'ancien Alger habité ne comprenait que la moitié O. de ce quadrilatère.

Les fortifications d'Alger, commencées en 1846, ont été à peu près achevées en 1854. Les deux faces principales sont agrémentées d'ouvrages accessoires, très tourmentés, qui représentent un travail très coûteux, et d'une utilité peut-être contestable. Un terrain précieux pour l'agrandissement d'Alger est ainsi immobilisé, et la sécurité de la ville, trop luxueusement assurée contre les

Arabes, serait douteuse vis-à-vis d'une attaque européenne. Quelques forts détachés, dominant la rade et les revers S. de la Bouzaréa, les remplaceraient, croyons-nous, avantageusement.

L'enceinte est percée de trois grandes portes : la *porte d'Isly*, sur la face S.-E. ; la *porte du Sahel*, à hauteur de la Casbah et près de l'angle formé par les faces; la *porte Bab-el-Oued*, à l'extrémité de la rue du même nom. En outre, des trouées ou passages permettent l'accès au chemin de fer, à la route de Constantine, au chemin des aqueducs, sur la face S.-E., au chemin du ravin de Bir-Traria, sur la face N.-O.

Quartiers d'Alger. — La ville d'Alger se divise en deux parties assez distinctes : Alger *européen* et Alger *arabe*. L'Alger européen comprend la partie basse de la ville ; l'Alger arabe, la partie haute désignée généralement sous le nom de Casbah. La rampe Rovigo, la rue de la Lyre, la rue Bruce, la rue Bab-el-Oued, forment la ligne de démarcation entre ces deux quartiers; cette démarcation n'a cependant rien d'absolu, et, dans le triangle formé par la rue Bab-el-Oued, la rue de la Marine et le boulevard, vous retrouverez un pâté de constructions arabes, très curieux à visiter.

Promenade à travers Alger. — *Boulevards, places, rues, squares*. — Le *boulevard de la République* (autrefois boulevard de l'Impératrice, qui en a posé la première pierre le 18 septembre 1860) longe tout le port d'Alger. C'est là qu'on vient respirer la brise de mer, en été, de huit à dix heures du soir ; l'hiver, la promenade a lieu de quatre à six heures. Les bateaux qui arrivent ou qui partent, les barques de pêcheurs, dont la voile ploie sous le vent, les embarcations qui sillonnent la rade forment un tableau des plus mouvementés ; à l'horizon, une mer d'azur presque toujours calme.

Si l'on vient de l'ancien fort Bab-Azoun, on longe la *Manutention militaire*, les docks du campement, l'*hôtel du Trésor*, *Télégraphe et Postes*, et l'on arrive au *square de la République*, de création toute récente, mais déjà ombragé par une végétation indigène et exotique de palmiers, lataniers, yuccas, bambous, jacarandas, figuiers des pagodes, etc., etc. Tous les arbres sont à feuillage persistant ; c'est une agréable attention de l'édilité qui n'a point voulu que la promenade des touristes d'automne soit attristée par la chute des feuilles.

Abandonnez ces ombrages frais pour continuer votre promenade. Après le square reprenez le boulevard de la République. Les architectes ont construit, en face de ce magnifique panorama de la baie d'Alger, d'immenses maisons vulgaires, dont vous avez déjà rencontré le type, n'importe où, à Paris, à Lyon; pas un n'a essayé de réagir contre cette uniformité déplorable.

Nous voici sur la *place du Gouvernement*, vaste parallélogramme entouré de platanes, au milieu duquel s'élève la statue équestre du duc d'Orléans. Deux des faces du socle qui la soutient sont ornées de bas-reliefs, représentant, l'un, au N., la prise de la citadelle d'Anvers, l'autre, au S., le passage du col de la Mouzaïa; la troisième face porte l'inscription suivante :

L'ARMÉE
ET LA POPULATION DE L'ALGÉRIE
AU
DUC D'ORLÉANS
PRINCE ROYAL

La statue a été moulée par le sculpteur Marochetti et a été érigée en 1845, le 28 octobre.

La place du Gouvernement a été longtemps le cœur d'Alger. Mais depuis que la ville s'étend du côté de la porte d'Isly, surtout depuis la création du square, le mouvement des personnes et des commerçants tend à se déplacer vers l'E.

Devant l'hôtel de *la Tour du Pin* ou de *la Régence*, une délicieuse oasis de palmiers et de bambous, ombrageant une vasque gracieuse, sert de lieu de réunion aux oisifs et aux flâneurs qui, réalisant le rêve d'Horace, prennent le frais au murmure de l'eau. Tout à côté, le *café d'Apollon*, avec terrasse plantée d'orangers, et une salle décorée de fort jolies fresques, dues au pinceau de M. E. Coulange, 1857.

Revenons au boulevard, en longeant la mosquée connue sous le nom de Djama Djedid. La chaussée longe le port jusqu'au bastion de la Marine, tourne ensuite brusquement à l'O., et domine, en le suivant, le rivage de la mer, laissant, à droite, d'anciennes constructions arabes occupées par le Génie militaire ; sur la gauche et au-dessus du niveau de la route que vous suivez, viennent déboucher de vieilles ruelles tortueuses qui sillonnent cette partie de l'ancien Alger ; le raccord s'opère *provisoirement* par de vilains escaliers, de l'effet le plus disgracieux.

L'esplanade Bab-el-Oued et *l'arsenal d'artillerie* forment l'extrémité O. du boulevard. Cet arsenal et l'ancien fort Bab-Azoun sont les points extrêmes du rempart gigantesque opposé par la France à la mer. L'esplanade est un terrain d'exercice pour la troupe. C'est en même temps le rendez-vous des joueurs de boule, qui trouvent un terrain favorable à leurs exploits. Elle est dominée au S. par le *jardin Marengo*.

Le jardin Marengo a été créé par le colonel *Marengo*, alors commandant de la place d'Alger. Il a été conquis par les condamnés militaires, sur les pentes abruptes de la colline d'Alger, pentes transformées en vastes terrasses étagées, que palmiers, yuccas, bellombras, bambous protègent contre les ardeurs du soleil. Elles sont reliées entre elles par des rampes d'accès facile, aux talus tapissés de volubilis et d'acanthes. De la terrasse supérieure, la vue embrasse toute la baie d'Alger et les contreforts de la Bouzaréa, couronnés par la basilique de Notre-Dame-d'Afrique. Des kiosques faïencés concourent à l'ornementation du jardin. Au milieu, une colonne en marbre témoigne du désir de réunir, dans une même confraternité d'armes, l'armée du premier Empire et l'armée qui venait de conquérir Alger.

Le commandant *Loche*, passionné pour les choses algériennes (mort des fatigues occasionnées par ses laborieuses recherches, et qui a légué à la ville ses riches collections d'histoire naturelle), avait rêvé de faire du jardin Marengo un *jardin zoologique*. Plus tard, le docteur *Bourlier* avait, à son tour, essayé d'y créer un *jardin botanique*. Mais les fonds du budget municipal n'ont pas permis de donner suite à ces projets éminemment utiles.

Aujourd'hui, le jardin Marengo est le rendez-vous des mères et des jeunes enfants, qui peuvent se promener à l'ombre et à l'abri de tout accident. Pendant six jours de la semaine, sa situation excentrique prive le jardin de nombreux et bruyants promeneurs, mais elle permet le recueillement et la douce causerie ; le samedi, les Israélites en accaparent les bancs et les allées.

Descendons du jardin Marengo pour regagner la ville ; laissons à droite le bâtiment du *Lycée* ; à gauche, la *caserne du Génie*. Devant nous s'ouvre la rue *Bab-el-Oued* ; elle forme, avec la rue *Bab-Azoun* qui la continue, une même artère qui fut longtemps la seule voie tracée à travers la ville française. Des arcades permettent au promeneur de circuler à l'abri du soleil et de la pluie, sans avoir à redouter le choc des corricolos et des voitures de tout rang, qui se pressent sur la chaussée. Le *corricolo*, dont la physionomie est devenue essentiellement algérienne, est un moyen de transport très sale, très lent, mais très bon marché. Son conducteur n'a qu'un souci : racoler des voyageurs ; aussi tourne-t-il constamment la tête à droite, à gauche et en arrière, sans nul souci des piétons ou des autres voitures. Les *tramways*, en nombre considérable déjà, vont le faire disparaître, espérons-le.

La rue Bab-el-Oued a une physionomie peu élégante au début : menu commerce, débits, échoppes de cordonnier. Elle se pare, aux environs de la place du Gouvernement, de magasins plus riches, mais elle est distancée par son heureuse rivale, la rue Bab-Azoun, dont les arcades de gauche sont le rendez-vous des flâneurs élégants et du sexe le plus gracieux, venus pour examiner les beaux étalages de soieries, d'étoffes, le chaton d'une bague, les photographies de nos artistes, que sais-je ? Les arcades de droite, plus modestes, sont le bazar de l'ouvrier, du colon, que l'Israélite, debout sur le seuil de son magasin, essaye de retenir au passage.

Si le soleil n'est pas trop haut à l'horizon, quittez un instant la rue Bab-Azoun pour aller visiter le marché d'Alger.

Vous verrez réunis, sur la *place de Chartres*, tous les produits gastronomiques de l'Algérie, viandes, gibiers, légumes et fruits, dont chaque marchand vous vante à haute voix la saveur. A l'étal du boucher, le bœuf indigène ou venu des gras pâturages de France, le mouton à large queue du Sud, le sanglier kabyle; ici, toute la série des oiseaux, depuis la grosse outarde à collerette, la perdrix rouge, la bécasse, etc., etc., jusqu'au bec-figue, si recherché des gourmets; plus loin, le haricot vert, le petit pois, l'artichaut, etc., etc., qui n'ont pas ici de saison. Et quels desserts variés! le raisin kabyle aux belles grappes dorées, la datte transparente du Souf ou du M'zab, la banane, l'orange et la mandarine de Blidah..., etc., etc. Si vous tenez à être complètement rassuré sur toutes les ressources alimentaires de la ville, allez du marché de la place de Chartres à la *pêcherie*, sous les voûtes du boulevard : le thon, le loup ou bar, le sar, la dorade, le rouget, la crevette, etc., etc., reposent sur des dalles de marbre blanc. — Après cette double visite, vous resterez convaincu que le gourmet peut trouver à satisfaire ici ses goûts les plus raffinés.

La promenade que vous venez de faire est celle du matin. Le soir, il vous reste à parcourir la rue de *la Lyre;* c'est la rue israélite par excellence, par ses habitants et par ses magasins. Arrivé sur la place de *la Lyre*, gravissez doucement le *boulevard Gambetta;* ce boulevard forme un immense escalier, espacé de plates-formes et bordé de magnifiques maisons; il aboutit à la rampe Rovigo, et atteint la Casbah qui domine toute la ville. Descendez la rampe Rovigo, prenez à droite la rue d'Isly, et vous arrivez à la place du même nom, au milieu de laquelle s'élève la statue du maréchal Bugeaud, le père de l'Algérie, dont la mémoire est restée et restera toujours légendaire parmi les soldats et les colons. La statue a été modelée par M. Dumont, de l'Institut. Tout autour de la place, se trouvent : le *quartier général du 19º corps d'armée* (autrefois collège arabe-français), le *Mont-de-Piété*, dont la création, remontant à 1852, a délivré toute une classe intéressante d'ouvriers et de petits négociants des mains usurières des juifs.

La *rampe Rovigo*, dont nous n'avons parcouru qu'une partie, prend naissance sur la place de la République, et s'élève, par de nombreux lacets, jusqu'à la *porte du Sahel*. De chaque côté de cette route, ou sur les rues assez désordonnées qui en dérivent, chacun a bâti à l'aventure, sans plan général bien déterminé ; ce quartier porte le nom de *cité Bisch*, du nom de l'ancien propriétaire du terrain.

Une autre rampe, symétrique avec celle-ci, la *rampe Valée*, longe le côté O. d'Alger ; elle s'ouvre auprès du jardin Marengo, passe devant la *caserne Valée*, laisse légèrement à gauche la *Zaouïa de Sidi Abderrahman*, dont le nom est resté attaché au pâté de maisons mauresques qui l'entourent; après de nombreux zigzags, et à hauteur de la *prison civile*, qu'elle laisse à droite, elle coupe les murs de l'ancienne *Casbah*, réduite par nous à son ancien rôle de caserne. De deux côtés de la brèche, se trouve la pépinière du Génie militaire. Le général *Farre*, alors directeur du service du Génie, eut l'heureuse idée de planter le terrain militaire compris dans la zone de servitude des fortifications, d'*eucalyptus* venus d'Australie, mais auxquels l'Algérie a accordé, depuis 1860, ses grandes lettres de naturalisation. C'est à l'armée, qui a planté et arrosé les arbres, que la ville sera redevable de cette ceinture de verdure qui embellira sa physionomie et adoucira son climat, l'été. La rampe Valée rejoint ensuite la rampe Rovigo, à hauteur de la porte du Sahel, laissant à droite et à gauche les casernes d'infanterie et d'artillerie.

Le *quartier arabe*, qu'il nous reste à faire connaître, est moins susceptible d'une description régulière. Il a, avons-nous dit, la rue de la Lyre et la rue Bab-el-Oued pour base, et la Casbah pour sommet. Prenez la rue de la *Porte-Neuve*, si vous êtes dans la rue de la Lyre, ou la rue de la *Casbah*, si vous êtes dans la rue Bab-el-Oued, et gravissez les marches de leurs escaliers étroits et raides ; lancez-vous ensuite à droite et à gauche et regardez :

Supposez un instant qu'un nouveau Dédale ait été chargé de bâtir une ville sur le modèle du fameux Labyrinthe ; le résultat de son travail aurait précisément quelque chose d'analogue à l'ancien Alger.

Des rues de longueurs inégales, offrant dans leurs détours toutes les lignes imaginables, excepté cependant la ligne droite pour laquelle les architectes indigènes paraissent professer un éloignement instinctif ; des maisons sans fenêtres extérieures, quelques lucarnes au plus ; des étages avançant l'un sur l'autre, de telle sorte que, vers le sommet des constructions, les deux côtés opposés d'une rue arrivent souvent à se toucher ; quelquefois même la voie publique est voûtée sur un espace assez considérable. Représentez-vous tout cela éblouissant de blancheur, par suite de l'usage où l'on était alors de donner, chaque année, deux couches de chaux aux bâtiments, et vous aurez reconstruit le véritable Alger par la pensée (*Berbrugger*).

Relisez la description de l'Alger d'autrefois

(page 21); c'est encore aujourd'hui le même aspect, du moins dans certaines rues, telles que les rues *Kléber*, du *Nil*, de *Toulon*, du *Diable*, etc., etc., si chères aux dessinateurs et aux aquarellistes. Quelques maisons françaises se sont adossées aux maisons arabes, formant avec celles-ci un contraste bizarre et disgracieux, que nous ne saurions mieux comparer qu'à l'effet produit par un habit noir, à queue d'hirondelle, perdu au milieu de haïcks et de burnous arabes, à l'étalage d'un fripier.

Ne craignez pas de vous perdre à travers cet écheveau embrouillé de ruelles et d'impasses; quand votre curiosité sera satisfaite, ne montez plus, descendez à l'aventure, et vous rejoindrez rapidement les quartiers français.

Races diverses. — Le mot race, en Algérie et souvent ailleurs, est très élastique. Sans nous lancer dans une discussion trop spéciale, nous croyons devoir faire observer que la classification généralement adoptée a donné à des gens de même race, au point de vue ethnographique pur, des dénominations diverses, suivant la nature du pays qu'ils habitent ou suivant leurs occupations habituelles.

Au reste, les personnes qui désireraient avoir

des notions exactes sur tout ce qui concerne l'ethnographie, la géographie, l'histoire de l'Algérie, trouveront à la *bibliothèque-musée* tous les documents nécessaires, et l'érudition, la bienveillance bien connues de M. *Mac-Carthy*, qui en est le conservateur, faciliteront leurs recherches. Mais ici (nous le répétons pour prévenir tout malentendu), nous ne faisons que de l'ethnographie *pratique*, afin de permettre au touriste de reconnaître les types divers qu'il verra défiler devant lui.

On désigne vulgairement, sous le nom d'*Arabe*, l'*habitant de la plaine*. Il campe *sous la tente* (la réunion de plusieurs tentes porte le nom de *douar*); il vient à Alger vendre ses céréales et acheter quelques provisions; vous le verrez couvert d'un burnous plus ou moins sale, errant distraitement dans les rues commerçantes, principalement dans les magasins ou les cafés maures de la rue de la Lyre.

Le *Kabyle*, désigné aussi quelquefois sous le nom de *chaouïa*, est l'*habitant de la montagne*, logeant dans des maisons dont la réunion forme une *dechra* ou *village*; il descend du Djurdjura pour vendre son huile ou ses raisins dorés. Stationnez quelques instants devant la porte d'Isly ; vous verrez entrer un mulet chargé d'outres en peau de bouc ou de mouton, ou bien de paniers en roseau, poussé vigoureusement par un gaillard brun, la tête recouverte d'une simple chéchia, jadis rouge, aujourd'hui tirant sur le noir, comme sa chemise, jadis blanche, fortement serrée aux hanches; c'est lui.

Le *Maure* est *l'habitant des villes*; c'est le gérant des cafés et bains indigènes; vous le verrez gravement assis derrière un bureau de tabac; son teint est blanc pâle.

Le *M'zabite* vient du M'zab, pays situé au S. de Laghouat, d'où il émigre pour venir gagner une petite fortune à Alger, et revenir ensuite au désert; il tient des échoppes, où il détaille l'épicerie, quelques légumes, le charbon et le menu bois; vous le reconnaîtrez, en outre, à son vêtement qui se compose d'une espèce de sac à fond brun, rayé de bleu et de rouge.

Le *nègre* est fils de l'Afrique centrale, transporté accidentellement à Alger; il s'occupe de travaux de sparterie; sa femme fabrique de petits pains ronds, recouverts d'anis, dont les Arabes sont très friands.

Les *Espagnols* et les *Italiens*, qui se livrent à la profession de pêcheurs, de maraîchers, sont désignés généralement sous le nom de *Maltais*.

Berranis, Biskris; on désigne sous cette appellation les *gens du dehors* venus à Alger, gens un peu sans aveu, dont on ignore souvent l'origine, les antécédents et surtout la moralité. Le nom de Biskris s'applique plus particulièrement à ceux venus des environs de *Biskra* (S. de la province de Constantine); ils s'occupent de menus travaux qui répugnent à la morgue ou à la fainéantise des citadins. Ils étaient placés autrefois sous le commandement d'un chef nommé *amin des Berranis*, chargé et responsable de la propreté et de la police des rues. Écoutons un voyageur qui visitait Alger en 1724 :

Ils (les Biskris, alors appelés *Biskarras*) sont ici employés aux mêmes usages qu'on emploie à Paris les Savoyards; ils nettoient les lieux, les cheminées, vont chercher de l'eau, et font tous les plus bas emplois. Cette nation a ici un émir ou chef (*amin*), qui répond d'eux et paye un tribut au Dey, qu'il répartit ensuite sur tous ceux de la nation qui sont à Alger. Tous les soirs, il les distribue dans les rues, où ils se couchent devant les maisons et les magasins pour les garantir des voleurs. Ils y font la garde et répondent des vols; tellement que, si un magasin ou une boutique sont volés, ils payent le dommage et sont châtiés sévèrement.

Ces cas arrivent rarement; mais, lorsqu'ils arrivent, celui qui a été volé porte sa plainte et expose son dommage. Le Dey envoie chercher l'émir des Biskarras, qui a ordre de faire venir ceux de sa nation qui étaient de garde devant la maison volée. Après avoir été interrogés et à demi convaincus d'avoir été d'intelligence avec les voleurs, ce qui ne peut être autrement, ils sont envoyés pour être pendus à Bab-Azoun, et la nation est condamnée à payer le dommage. L'émir paye sur-le-champ et fait la répartition, à tant par tête, pour être remboursé.

(*Relation d'un voyage sur les côtes de Barbarie en 1725, par Jean-André Peysonnel.*)

Cette manière originale de garder les rues d'une ville n'était déjà pas si maladroite. La police, aujourd'hui encore, place souvent des indigènes de garde dans certains quartiers; mais leur responsabilité est, hélas! moins sérieuse.

Enfin, l'*Israélite* est ici ce qu'il est partout, vendeur ou acheteur de vieux habits, bijoutier; souvent il cumule tous ces emplois; il ne produit jamais. Quelques juifs ont conservé une partie du costume arabe, mais plus sombre; d'autres ont adopté la mode française; mais leur individualité est toujours parfaitement reconnaissable.

Le chiffre de la population d'Alger (*intra muros*) a subi, depuis 1851, les variations suivantes :

1854. 41.402 habitants.
1861. 46.468 — dont 14.288 Français.
1866. 47.314 — — 16.661 —
1872. 48.908 — — 16.762 —

Il s'élève aujourd'hui au chiffre de 71.199 habitants et 74.792 avec la population comptée à part, d'après le recensement de 1886.

Climat d'Alger. — Nous extrayons nos renseignements d'une étude publiée dans la *Gazette médicale* (1872), par le *docteur Sézary* :

D'après les observations faites, d'une part, de 1837 à 1854 par le docteur Mitchell, d'autre part, de 1856 à 1872, par les officiers détachés à l'Arsenal d'artillerie, nous obtenons, comme moyennes mensuelles de la température d'Alger :

Janvier.....	13° 91		Juillet.......	26° 36
Février:.....	14° 17		Août........	27° 17
Mars.......	15° 23		Septembre..	25° 69
Avril.......	17° 59		Octobre....	22° 29
Mai........	20° 62		Novembre..	17° 90
Juin........	23° 79		Décembre..	14° 89

Moyenne annuelle 19° 98.

Cette moyenne permet de classer la ville d'Alger parmi les stations à climat *doux*, et de la recommander, d'une manière générale, aux malades des pays froids, pour s'y fixer et éviter les températures rigoureuses de l'Europe.

Mais ceci ne nous paraît qu'un résultat très vague et très insuffisant. Une remarque va le faire sentir. Puisque la moyenne des températures mensuelles est 20°, il est clair qu'il y a des moyennes mensuelles au-dessous, et d'autres au-dessus de ce chiffre. Celles qui sont au-dessous, et qui correspondent à l'hiver, ne vont pas au-dessous de 13° 90; il est donc inutile d'insister sur elles; le climat d'Alger ne sera, dans aucun mois d'hiver, assez froid pour nuire à nos malades. Mais ce sont les moyennes au-dessus de 20° qui nécessitent notre attention.

Recherchant alors, et *principalement en vue des personnes atteintes par les maladies chroniques de la poitrine*, quelle est la saison la plus favorable à leur séjour à Alger, le docteur Sézary ajoute :

L'étude attentive et minutieuse des variations de la température maximum mensuelle nous amène aux conclusions suivantes :

Du 10 mai au 1er novembre environ, la température moyenne d'Alger dépasse 20°; cette période de temps est donc une saison chaude. Du 1er septembre au 18 mai, la température est au-dessous de 20°; cette deuxième saison est donc douce ou tempérée, attendu que le thermomètre ne descend pas au-dessous de 13° 91.

....

Et alors, à la fin d'octobre, au moment où le climat d'Europe devient inhospitalier, que les malades viennent, sous nos ombrages, respirer nos brises tièdes et renaître à nos beaux soleils d'hiver. Comme le disait le docteur Mitchell, en parlant de ses compatriotes de l'autre côté de la Manche, « c'est parce qu'ils fuient l'hiver et le printemps de nos contrées, que les malades émigrent, chaque automne: or, pendant ces saisons redoutées, LE CLIMAT D'ALGER, COMME UNIFORMITÉ DE TEMPÉRATURE, DÉFIE MÊME CELUI DE MALTE; A PLUS FORTE RAISON L'EMPORTE-T-IL SUR TOUS LES AUTRES. »

Et maintenant, si nous nous adressons aux touristes, qui voyagent surtout pour leur agrément, à la recherche d'impressions nouvelles, nous leur dirons :

Venez *l'hiver* à Alger, y chercher les tièdes caresses du soleil, un ciel toujours d'azur, des nuits calmes et lumineuses comme une aurore d'été sous d'autres climats; vous trouverez sous nos arbres toujours verts, en suivant distraitement de l'œil le dessin de leurs ombres veloutées, le repos du corps et du cœur. Le climat n'est pas le seul élément de la santé et du bonheur; vous trouverez l'un et l'autre dans vos promenades aux environs d'Alger, promenades calmes, riches en souvenirs poétiques. Venez y oublier les fatigues d'une vie *à haute pression*, que vous menez dans les grandes villes d'Europe, et, pénétrés par cette atmosphère tiède, vivifiante, de la *France d'outre-mer*, vous y reviendrez reposés et meilleurs.

Venez aussi *l'été*, en Algérie, si vous aimez la lumière, non pas indécise et pâle, mais flamboyante, impitoyable, éclairant les ombres d'un reflet bleuâtre, donnant aux contours une netteté presque brutale, lumière brûlante qui tord l'arbuste, fendille le sol, mais qui donne au paysage une sévérité, une vigueur de tons, que les zones tempérées ne vous laissent même pas soupçonner. Lisez, relisez, les magnifiques pages que le *pays de la soif* inspira à Fromentin, le grand poète du Sahara! * C'est sous son nom illustre que j'abrite mon enthousiasme.

Commerce d'Alger. — Les données manquent pour l'évaluation exacte du commerce d'Alger avec l'intérieur. Alger consomme à lui

---

* *Un été dans le Sahara*, par Eug. Fromentin.

seul près des deux cinquièmes des marchandises *importées.*

Au point de vue du commerce général, nous donnons l'état officiel des marchandises *importées* et *exportées* en 1887, dans le département d'Alger, c'est-à-dire dans les ports d'Alger, Cherchell et Dellys, en faisant observer que le mouvement de ces deux derniers ports n'atteint pas le *millième* des chiffres cités.

La nomenclature des objets exportés est du plus grand intérêt, car elle est le tableau très complet des productions algériennes.

Certains produits, tels que laines, tabacs, sont en progression constante. L'alfa (*stipa tenacissima*) ne tardera pas à venir s'ajouter à la nomenclature, dès que les chemins de fer en permettront le transport à bas prix. Le vin *indigène* suffira bientôt, et au delà, aux besoins de la colonie.

Industrie européenne. — L'industrie d'Alger, *intra muros*, est à peu près nulle; elle se borne à quelques fabriques de *pâtes alimentaires*, et à la *préparation des tabacs, cigares et cigarettes.*

Industrie indigène. — *Nos renseignements*

4

DÉPARTEMENT D'ALGER

ÉTAT des quantités et valeurs des principales marchandises importées.
(COMMERCE GÉNÉRAL. — 1887.)

DÉSIGNATION DES MARCHANDISES	UNITÉS	QUANTITÉS	VALEURS OFFICIELLES
Viandes salées..................	Kilog.	250.203	333.868
Fromages de toute sorte.......	id	768.614	1.182.832
Graisses (saindoux)............	id.	596.979	537.658
Poissons de mer secs, salés ou fumés......................	id.	743.850	735.672
Farines de froment............	id.	3.972	123.354
Riz en grains..................	id.	1.182.690	869.873
Pommes de terre...............	id.	3.946.087	355.147
Légumes secs et leurs farines...	id.	1.359.308	365.370
Fruits de table secs............	id.	1.158.496	805.773
Sucre, brut ou raffiné..........	id.	5.816.099	2.719.452
Café..........................	id.	1.619.218	1.894.484
Tabac en feuilles...............	id.	531.042	695.665
Huile d'olive et de graines grasses	id.	1.309.024	940.686
Bois de pin bruts ou équarris...	Stère.	3.699	156.885
Bois de pin scié de 0m080 au moins......................	M. long	2.515	204.020
Matériaux de toute sorte.......	Valeur		1.321.379
Houille.......................	Kilog.	726.861	1.017.856
Fonte, fers et aciers...........	id.	4.156.054	692.949
Savons autres que ceux de parfumerie......................	id.	2.160.742	907.611
Acide stéarique ouvré..........	id.	482.026	826.123
Boissons. { Vins de toute sorte...	Litre	3.455.439	2.131.066
{ Eaux-de-vie et esprits	id.	1.031.103	1.297.237
Poterie de terre grossière.......	Kilog.	606.925	119.670
Faïence, porcelaine et grès commun........................	id.	753.996	380.925
Verres et cristaux..............	Valeur		562.742
Tissus.. { de coton............	id.		15.963.282
{ de chanvre et de lin.	id.		473.856
{ de laine............	id.		1.774.223
{ de soie.............	id.		301.182
Papier et carton...............	Kilog.	1.273.786	901.831
Peaux préparées et ouvrées.....	Valeur		2.200.728
Ouvrages en métaux...........	id.		2.460.010
Total........			45.254.100

DÉPARTEMENT D'ALGER

ÉTAT des quantités et valeurs des principales marchandises exportées.
(COMMERCE GÉNÉRAL. — 1887.)

DÉSIGNATION DES MARCHANDISES	UNITÉS	QUANTITÉS	VALEURS OFFICIELLES
Bêtes de somme; chevaux.	Nombre	169	169.000
Bêtes bovines.	id.	502	218.370
Bêtes à laine.	id.	212.038	9.156.454
Porcs.	id.	184	19.872
Peaux brutes de toute sorte.	Kilog.	427.199	2.250.633
Laines en masse.	id.	2.675.777	4.415.032
Cire non ouvrée.	id.	20.758	62.374
Graisses (suif brut).	id.	52.010	37.543
Poissons de mer secs, salés ou fumés.	id.	797.673	894.177
Soies.	id.	2.888	91.693
Os, sabots et cornes de bétail.	id.	369.895	40.086
Céréales. Blé.	Hectol.	109.139	2.090.011
Céréales. Orge.	id.	27.720	464.310
Légumes secs et leurs farines.	Kilog.	809.955	210.588
Fruits de table frais.	id.	4.048.241	1.798.629
Fruits de table secs ou tapés.	id.	1.680.133	917.142
Tabac en feuilles ou en côtes.	id.	3.460.974	4.533.875
Huile d'olive.	id.	458.950	569.098
Fourrages.	id.	1.134.485	135.171
Drilles.	Valeur		122.997
Vins de toute sorte.	Litres	28.125.744	12.716.519
Minerais de fer.	Kilog.	588.120	8.233
Objets de collection hors de commerce.	Valeur	75.900	75.900
TOTAL			40.997.707

ne concernent toujours que les industries d'Alger même; ils permettront à l'étranger de voir fabriquer les objets qui peuvent l'intéresser, car l'indication des rues où il lui sera facile de trouver l'indigène à l'œuvre suivra la note consacrée à chaque industrie.

I. Tabletterie. — On fabriquait autrefois des coffrets ornés de marqueterie et d'inscriptions fines et élégantes, de petites tables aux dessins harmonieux; on en retrouve encore, mais rarement; ils ont été, hélas! remplacés par des objets similaires venus de Paris.

Les objets fabriqués aujourd'hui sont confectionnés avec du bois blanc, recouvert de peintures aux vives couleurs; ils consistent en *étagères*, *crémaillères* pour recevoir des armes ou des pipes; *appliques* destinées à supporter des bougies, *petites tables* rondes ou à pans coupés, sur lesquelles on place des fleurs; *coffrets* à bijoux, etc., etc.

(*Voir rues Salluste, de Staouëli, du Divan.*)

II. Instruments de musique. — Un orchestre arabe porte le nom de *nouba;* il comprend *grosse caisse* (*teboul*), tambour en poterie (*derbouka*), tambour de basque (*thar*), flûtes en roseau, de diverses dimensions (*guesba* ou *djouak*), guitare à deux cordes, castagnettes (*kerakeb*), etc... Tous ces instruments, à l'exception des flûtes en roseau, que chaque artiste taille à sa façon, se fabriquent à Alger.

(*Voir à l'angle des rues du Palmier et des Pyramides, passage Riche.*)

III. Tannerie, Cordonnerie, Maroquinerie, Broderie. — Les procédés de tannage, en usage chez les indigènes, sont assez primitifs; ils consistent le plus souvent dans l'emploi de l'alun, mélangé avec l'écorce de pin d'Alep. D'autres fois ils se servent de l'écorce de grenade concassée, qu'ils triturent à force de bras, en même temps que la peau encore fraîche, de manière à faire pénétrer dans les tissus la substance astringente.

La fabrication des chaussures d'homme et de femme occupe un grand nombre d'ouvriers ; la solidité de leurs produits n'est pas excessive.
(*Voir rues Randon, Porte-Neuve.*)

Les principaux objets de maroquinerie sont les selles, brides, portefeuilles de selle ou *djebiras*, cartouchières, porte-monnaie, etc... Ces objets sont ornés de broderies élégantes d'or et d'argent; les dessins et le travail sont d'une rare perfection.

(*Voir rues Juba, du Sphinx.*)

IV. JOAILLERIE, BIJOUTERIE. — Le luxe des bijoux est poussé très loin chez les indigènes. Le plus souvent les bijoux se distinguent plutôt par le poids que par le fini du travail. La femme arabe en est littéralement surchargée, de la tête aux pieds. Ils sont quelquefois ornés de pierres ou de perles fines; chez la classe moins aisée, la perle est remplacée par le corail, et quelquefois par de la cire rouge ou verte; à défaut d'or ou d'argent, la femme arabe porte des bracelets et des bagues en corne.

(*Voir pour la fabrication de ces derniers objets, rue de la Porte-Neuve.*)

La fabrication des bijoux est à peu près monopolisée entre les mains des juifs; ils travaillent dans une sorte d'échoppe, munie d'un fourneau assez défectueux, ventilé à l'aide d'une peau de bouc; une balance à poids oxydés, quelques creusets, emporte-pièces, mandrins, un mauvais étau complètent l'ameublement.

(*Voir la rue du Lézard.*)

V. Vannerie. — La confection des objets de vannerie est monopolisée par des nègres ; les nattes, paniers, corbeilles qui sortent de leurs mains, sont bien tressés et très solides; les ornements en drap qui les enjolivent, et leur monture en jonc ou en bambou, leur donnent un cachet de véritable originalité.

(*Voir rue de la Lyre, au coin de la rue Porte-Neuve et rue du Sphinx.*)

VI. Tabac maure. — La production du tabac était très répandue parmi les indigènes avant l'occupation française; elle ne s'est introduite qu'en 1844 dans les cultures du colon européen, chez lequel elle a fait d'immenses progrès. Les indigènes ont aussi perfectionné leurs semis et leurs cultures.

La culture, la manipulation et la vente des tabacs jouissent en Algérie d'une liberté complète ; chacun peut produire, fabriquer, exporter à sa guise; l'État n'intervient que pour des achats aux producteurs. Les tabacs les plus estimés de l'Algérie sont ceux appelés *Chebli*, du nom de la localité où ils sont cultivés, depuis longues années, par les indigènes.

Afin de faciliter la vente des tabacs en feuilles, il a été créé, près d'Alger, à Hussein-Dey, un marché quotidien où l'État achète directement les quantités qui lui sont nécessaires.

Les indigènes manipulent eux-mêmes leur tabac à fumer ou à priser; ils parfument ce dernier, réduit en poudre presque impalpable, de quelques gouttes d'essence de rose ou de géranium. Leurs débits de tabac, répandus dans toutes les rues d'Alger, sont installés avec beaucoup de goût et de coquetterie.

Pour compléter ces indications, nous ajouterons quelques renseignements sur les objets indigènes que l'on peut acheter à Alger, mais qui n'y sont point fabriqués.

Poteries. — Les objets exposés aux vitrines des magasins d'Alger, vases, gargoulettes, lampes, sont d'origine kabyle; ils sont fabriqués, en argile commune, par les femmes, auxquelles ce travail est exclusivement réservé.

Tapis. — La confection des tapis ne constitue pas une branche de commerce; ils se fabriquent sous la tente, par les soins de la famille et pour son usage; les femmes arabes lavent, peignent, cardent et filent elles-mêmes la laine destinée à la préparation; les fils sont teints par les teinturiers juifs du pays, qui ont la spécialité de ce travail; le tissage se fait ensuite par un ouvrier qui compose en même temps le dessin.

On distingue diverses sortes de tapis :

Le *tapis moquette (zerbia)* est le plus remarquable, tant sous le rapport de la qualité de la laine employée, que par l'agencement des nuances, la grâce et la variété du dessin, qui rappellent les tapis d'Orient ;

Le *tapis à longue laine* (*el-frach* ou *guettif*).

Le *tellis*, employé le plus souvent pour confectionner des couvertures de cheval ou des porte-charges pour chameaux et mulets.

ARMES, COUTELLERIE. — On fabriquait autrefois, en Algérie, des fusils à longs canons, des tromblons, des sabres droits ou recourbés, des poignards. Aujourd'hui la fabrication a presque cessé. Néanmoins certaines tribus, celles des *Flittas*, des *Beni-Abbès*, les indigènes de *Bou-Saâda*, fabriquent encore des couteaux de forme spéciale, qui portent leur nom.

Nota. — Pour la vente de ces objets, voir les magasins des passages Sarlande et du Commerce; le magasin de M. Dorez, etc.

II

SERVICES ADMINISTRATIFS
SOCIÉTÉS SAVANTES. — JOURNAUX
THÉATRES ; AISSAOUA
MONUMENTS A VISITER

Nous avons négligé à dessein d'étudier ici les attributions et le fonctionnement des divers rouages administratifs de notre colonie, centralisés à Alger. Notre travail est essentiellement historique et descriptif. Néanmoins, pour la commodité des voyageurs, nous avons donné l'adresse des bureaux principaux, rattachant à cette nomenclature des notes sur les monuments intéressants et curieux. — Nous compléterons ces indications par des notes spéciales sur des sujets qui, bien que ne rentrant pas dans une classification officielle, offrent un très grand intérêt aux voyageurs désirant faire connaissance intime avec Alger.

Gouvernement général de l'Algérie. — PALAIS DU GOUVERNEUR (*place Malakoff*). — Le palais, tel qu'on peut le visiter aujourd'hui, se compose de deux parties essentiellement distinctes, tant au point de vue du style qu'à celui de la date des constructions. L'*avant-corps*, sorte de placage de trois mètres de profondeur environ, a été construit depuis l'occupation française, pour donner au palais une façade qui aurait pu être gracieuse, et une entrée plus accessible que l'étroit couloir de la rue du Soudan, par lequel on pénétrait autrefois dans la *maison mauresque* transformée en résidence d'hiver du Gouverneur.

La façade est ornée (?) d'une porte-véranda, à colonnettes de marbre, et de fenêtres, également en marbre blanc, d'une forme difficile à classer ; leur couronnement ressemble vaguement à deux ressorts d'acier, luttant avec énergie. Ces fenêtres, *vénitiennes* d'après les uns, *syriennes* d'après d'autres, éclairent au rez-de-chaussée le corps de garde et la loge du concierge ; au premier étage, les cabinets de l'archiviste et de l'interprète; au-dessus, un salon genre mauresque, à plafond surbaissé, et orné d'une coupole dentelée à jour, tamisant l'or du soleil à travers des vitraux de toute nuance. Ce salon est de plain pied avec la cour intérieure du palais, et sert, avec elle, de salle de bal, les jours de grande réception.

L'ancienne maison mauresque mérite une visite attentive. Nous en donnons la description d'après Ch. Nodier; cette description, remontant à 1839, n'est peut-être plus scrupuleusement exacte dans tous ses détails, mais elle est vraie et très intéressante, comme ton général.

Le palais du Gouvernement ne répond pas mieux d'abord que la plupart des palais d'Orient à la splendeur de son nom; mais l'apparence de son extérieur, modeste jusqu'à la simplicité, ne sert qu'à relever, par un contraste piquant, l'éclat intérieur de ce beau séjour. On parcourt, en entrant, une longue galerie dont la voûte est sculptée d'arabesques et le pavé couvert de mosaïques; quelques degrés en marbre conduisent ensuite à une cour carrée, décorée de péristyles superposés, qui forment les trois étages de la maison. Des colonnes de marbre blanc, entourées de baguettes en spirale et couronnées de riches chapiteaux composites, peints et dorés, supportent des arcs élégants; dans les étages supérieurs, les colonnes sont unies entre elles, jusqu'au tiers de leur hauteur, par des rampes en bois tourné, remarquables par la délicatesse du travail. Chaque colonne est surmontée d'un pilastre en faïence. Au-dessus de l'entablement règne une frise également en faïence, qui forme, en courant sur les arcs, l'ensemble le plus agréable aux yeux.

La cour est bordée de plantes grasses, d'arbustes variés, de fleurs odoriférantes, qui mêlent leurs couleurs et leurs parfums; au milieu, une fontaine élégante lance un jet d'eau continu qui retombe en pluie sur une corbeille de fleurs dont son bassin est le centre.

Le pavé, les murailles jusqu'à la hauteur de cinq pieds, les marches des escaliers sont revêtus de faïences émaillées; les parois sont blanchies à la chaux. Chaque étage est composé de quatre galeries à jour; dans chacune d'elles, de vastes portes s'ouvrent sur de longues pièces dont les fenêtres prennent jour sur la cour; des divans couverts de brocards règnent partout; des glaces de Venise, des meubles anciens, quelques meubles modernes, placés çà et là, forment une décoration incomplète et peu commode, mais d'un effet pittoresque et piquant.

(*Journal de l'expédition des Portes de fer*, rédigé par Ch. Nodier.)

L'ameublement des salons, de la salle à manger, du cabinet du Gouverneur, sont aujourd'hui complètement français, hélas ! et parfaitement adaptés à notre existence moderne. Des fils électriques éveillent tous les recoins de cette antique demeure de quelque Turc nonchalant.

Secrétariat général du gouvernement général de l'Algérie, rue Bruce.

État-major général, place d'Isly.

Archevêché, place Malakoff.

Les bâtiments aujourd'hui occupés par l'Archevêché sont désignés, par les Arabes, sous le nom de *Dar Aziza-bent-el-Bey* (maison d'Aziza, fille du Bey). Ils formaient autrefois une partie de la façade S. de la *Jénina* ; ils étaient destinés à recevoir les hôtes de distinction des pachas, et spécialement les beys de Constantine et de Tittery, quand ils venaient payer l'impôt annuel. La disposition intérieure est à peu près la même que celle du palais du Gouverneur.

Rien autre n'a survécu à la démolition de l'ancien palais des souverains d'Alger, connu autrefois sous le nom de Jénina (*petit jardin*) ou *Dar Soltan el-kedima* (*la vieille maison des sultans*), qui avait vu les derniers jours de la puissance arabe, et abrité la domination turque jusqu'en 1817, époque à laquelle la résidence des deys fut transportée à la Casbah.

Jénina. — Le palais de la Jénina, quoique n'existant plus, mérite une mention spéciale; il couvrait le vaste espace compris entre la rue Bab-el-Oued, la place du Gouvernement, les rues du Divan, Bruce et Jénina.

Ce vaste développement de constructions s'ouvre, selon la description d'Haedo,

Sur deux grandes cours, dont chacune a 36 pieds de diamètre, toutes deux pavées en briques, entourées de galeries à colonnes faites de brique, bien travaillées à la chaux et au plâtre et très blanches. On y voit beaucoup de chambres, grandes ou petites, hautes ou basses, toutes bien bâties, et quelques-unes lambrissées de très bon bois de sapin et de chêne, ornées de peintures à la mauresque et à la turque.

Cette maison royale, où il y a un joli jardin, quoique petit (*Jénina*, qui lui a donné son nom), est la seule de la ville qui présente cette particularité.

La Jénina était le monument historique le plus précieux à conserver, sans contredit.

Lorsque les frères Barberousse parurent pour la

première fois à Alger, cette ville était gouvernée par *Salem el-Toumi*, chef de la tribu arabe des *Taleba*, alors maîtresse de la Mitidja.... Il reçut Aroudj dans son palais (*Jénina*), l'y logea ; le corsaire le fit ensuite égorger, et usurpa son pouvoir.

C'est dans la Jénina que mourut le premier martyr chrétien, sous la domination turque : là, Don Martin de Vargas, le vaillant défenseur du Peñon, fut assommé à coups de bâton, en présence du féroce Kheïr-ed-Din (1529).

M. Berbrugger ajoute, à propos de la destruction chaque jour plus menaçante des monuments de l'antique cité musulmane, quelques lignes, que nous croyons devoir reproduire, car elles ont encore toute leur actualité :

L'Alger musulman que nous avons trouvé en 1830 achève de s'en aller par morceaux, sous les yeux indifférents de la foule européenne. L'alignement l'éventre et le perce à jour, les procès-verbaux pour cause de sécurité publique l'abattent en détail. Le flot envahissant de notre population, avec ses habitudes antipathiques à l'architecture indigène, l'efface ou du moins l'altère profondément, partout où il peut l'atteindre. Une construction mauresque sera, avant un quart de siècle, une curiosité aussi rare pour les habitants d'Alger que pour les touristes européens.

Cette grande destruction se justifie dans son ensemble par des motifs d'un ordre supérieur ; nous n'essayerons pas de la combattre ni même de la critiquer, mais il semble qu'il est juste et possible d'admettre des exceptions au principe de démolition générale : certains édifices mériteraient d'échapper au sort commun, par leur valeur architecturale ou par les souvenirs qu'ils rappellent. Pourquoi ne pas les conserver ? Veut-on que, d'ici à peu d'années, on cherche vainement, sur l'emplacement d'*El-Djezaïr*, une trace, si faible qu'elle soit, de la cité musulmane ? Ce serait un vandalisme capable de déshonorer même une nation barbare. La France civilisée ne voudra pas que la postérité ait le droit de lui adresser ce reproche. Elle préservera du marteau destructeur les monuments, trop peu nombreux, hélas ! qui méritent l'honneur d'être épargnés. On doit l'espérer, en voyant, parmi nos sommités administratives des personnes aussi capables de comprendre un appel de cette nature que disposées à en tenir compte.

Il existe d'ailleurs un argument décisif à l'usage de MM. les utilitaires, gens très prépondérants dans la question : l'affluence des étrangers est une source féconde de revenus pour les villes qui ont le bonheur d'avoir quelque chose d'original à leur montrer. Or, que viendrait-on voir ici, quand l'œuvre de destruction de la cité musulmane serait accomplie ? Nos rues à arcades, nos maisons-casernes, nos monuments à la grecque ? Ayons la modestie de convenir que très peu de touristes s'exposeraient au mal de mer pour jouir d'un coup d'œil qui ne peut avoir pour eux le mérite de la nouveauté. Donc les amateurs du positif doivent nous venir en aide, dans la cause que nous avons toujours soutenue en général et que nous allons appliquer maintenant à un fait particulier.

Ce fait particulier était la conservation de la Jénina.

En 1830, ce palais servait aux deys de magasin de prises; nous y installâmes la manutention militaire et un corps de garde de cavalerie; des industriels : coiffeurs, remouleurs, entrepreneurs de diligences, s'installèrent dans les parties excentriques du monument; un incendie hâta l'œuvre de profanation. Enfin, en 1854, malgré la protestation éloquente que l'on vient de lire, la soif de l'alignement arma de pioches de nouveaux vandales.

Préfecture, *place Soult-Berg.*

Intendance, *rue d'Isly.*

Sous-Intendance des passages, *rue de la Marine.*

Amirauté, *îlot de la Marine.*
Les bâtiments de l'Amirauté forment aujour-

d'hui une série de constructions de tout âge et de toute nationalité; leur ensemble représente exactement une ancre couchée à plat, dont la *chaussée Kheir-ed-Din* forme la tige; cette chaussée est aujourd'hui bordée par des casernes d'artillerie et la marine. Au point de rencontre des deux branches et supporté par d'immenses voûtes, s'élève le pavillon du Commandant de la marine en Algérie. Ce pavillon a toujours été affecté à cette destination; la dernière restauration est à peine antérieure de quelques années à notre conquête. Le chef de la marine turque, *Oukil el-Hardj*, était un des premiers personnages de l'État; c'était lui, en effet, qui réglait les parts de prises, surveillait les armements, veillait à la construction des vaisseaux. Dans un État qui ne vivait presque que de piraterie, celui qui dirigeait et règlementait ce brigandage devait naturellement jouer un rôle des plus importants.

Si nous franchissons ces voûtes, à notre gauche s'élève une grosse tour à pans coupés, seul débris authentique de la forteresse espagnole (le Peñon; au milieu un phare-sémaphore; tout à côté, un magasin d'artillerie, que l'explosion de la poudrière de l'amirauté, en 1845, détruisit en partie. Tout le long des deux branches de l'ancre, les Turcs avaient construit, dès le commencement du xviii° siècle, « de belles halles voûtées, qui, du côté de la mer, forment des batteries de 80 pièces de canon, dont ceux du rez-de-chaussée tirent 24, 36 et 48 livres de balles...... On y voit des canons aux armes de France, qui furent pris lorsqu'on abandonna *Gigery* (Djijelly), d'autres, aux armes de Hollande, que les États généraux ont donnés pour avoir la paix avec les Algériens ; quelques-uns de ces canons ont été fondus dans ce pays ; entre autres, il y a un canon d'une longueur extraordinaire qui tire cent livres de balles. » (Peyssonnel, 1724.)

Cette dernière pièce de canon était probablement celle que nous avons trouvée en 1830, et que nous avons appelée *la Consulaire*, en souvenir du père Levacher, consul de France en 1683, et de M. Piolle, son successeur en 1688, qui furent attachés à la bouche de ce canon monstrueux, lors des bombardements effectués contre Alger, par Duquesne et le maréchal d'Estrées ; il a été transporté en France dans le port de Brest. Nous n'avons conservé des voûtes turques que celles du rez-de-chaussée, qui servent aujourd'hui de magasins et d'ateliers de réparation pour la marine ; au-dessus sont construites les plates-formes de nos batteries.

A l'extrémité S. des constructions de l'Amirauté, se trouve le magasin à charbon, et tout à côté une porte mauresque dont le marbre est couvert de dessins et d'inscriptions polychromes.

Hôtel de Ville. — Boulevard de la République.

Le Palais de Justice. — Rue de Constantine, presque en face de l'église Saint-Augustin, comprend tous les tribunaux, cour d'assises, tribunal de première instance, installés naguère dans des maisons mauresques.

Commerce. — *Banque de l'Algérie*, boulevard de la République.

Crédit foncier et agricole d'Algérie, boulevard de la République.

Chambre de commerce, rue de la Marine, 9.

Compagnie algérienne, boulevard de la République.

Tribunal de commerce, rue de l'État-Major.

Crédit Lyonnais, boulevard de la République.

Service des mines. — *Bureaux*, rue Rovigo.

Service des Ponts et Chaussées. — *Bureaux*, rues d'Isly, Mogador, Rovigo.

SERVICE DU DOMAINE. — *Bureaux*, rue du Soudan.

SERVICE DE DOUANES. — *Bureaux*, sur les quais.

TRÉSOR. — Boulevard de la République.

POSTES ET TÉLÉGRAPHE. — Boulevard de la République.

Un bureau *annexe* fonctionne *place du Gouvernement*.

POLICE. — *Bureau central*, rue de l'Intendance.

Bureaux d'arrondissement, passage des Consuls; rue Bleue, 2; rue Rovigo, 44; rue de la Casbah. *Poste*, sur les quais, près la compagnie Valéry.

Édifices religieux. — CULTE CATHOLIQUE. Les édifices catholiques d'Alger sont dans un état peu digne, à notre avis, du culte; sauf la cathédrale, les autres méritent à peine une mention; ce sont d'anciennes mosquées en ruines, des baraquements abandonnés que la ferveur des fidèles ne songe pas à relever de leur état de délabrement.

Les diverses églises d'Alger sont :

Cathédrale Saint-Philippe (place Malakoff). Sur une partie de l'emplacement occupé aujourd'hui par ce monument, s'élevait autrefois la mosquée dite : *Djama Ketchawa,* dont l'existence est antérieure au commencement du XVII° siècle, et dont la restauration, ou mieux la reconstruction à peu près complète, est due au pacha Hassan, en 1794. Elle comprenait : une nef carrée, soutenue par de fortes colonnes rondes en marbre, surmontée par une grande coupole à base octogonale. Des peintures, des inscriptions en ornaient l'intérieur fort coquet et fort élégant. C'est d'elle que les poètes d'alors disaient : *elle est recherchée par les désirs avec un empressement extrême et ses splendeurs ont souri sur l'horizon du siècle....*

Quelques années après la conquête, cette mosquée fut affectée au culte catholique ; elle a été entièrement détruite petit à petit, pour la construction de la cathédrale ; les colonnes et le *minbar,* en marbre blanc incrusté de marbre rougeâtre, qui sert aujourd'hui de chaire, ont survécu seuls à la destruction de ce charmant édifice, objet des regrets des amateurs de l'architecture indigène, regrets que la structure bizarre de l'édifice, élevé par les soins du service des bâtiments civils d'alors, est encore venue augmenter. Après être restée de longues années dans un état d'abandon complet, la cathédrale vient enfin d'être terminée de la façon la plus heureuse par M. A. Ballu, architecte diocésain et des monuments historiques, qui a transformé d'une façon inespérée cette œuvre lourde, massive et sans grâce.

La façade proprement dite a été complètement modifiée. Un escalier d'une vingtaine de marches conduit au porche, en passant sous des arcs en fer-à-cheval, supportés par de belles colonnes en marbre bleu turquin foncé. Trois grandes portes de dessins différents, surmontées d'impostes ajourées et peintes des couleurs les plus vives, donnent accès dans l'édifice. Au-dessus de ces arcs et abritée par une corniche couronnée de merlons finement découpés, s'épanouit une belle et grande mosaïque exécutée, d'après les dessins de M. Ballu, par Facchina, l'habile artiste auquel on doit celles de l'Opéra de Paris. Cette façade se termine par un fronton circulaire dont la courbe, autrefois disgracieuse, a été rompue au sommet par un élégant motif renfermant une belle croix qu'on prendrait pour un énorme morceau d'orfèvrerie. Des cabochons émaillés, sertis d'or, de riches faïences, des moulures dorées et des panneaux de mosaïque décorant la fenêtre centrale, complètent l'aspect de cette partie de l'édifice qui réjouit l'œil et nous reporte aux monuments de l'antique Byzance.

A droite et à gauche de la façade se dressent deux tours d'une hauteur de 36 mètres, carrées à la base, octogonales un peu plus haut et terminées par de jolis clochetons; elles rappellent dans leur ensemble les minarets des belles mosquées du Caire.

Les façades latérales, reconstruites, il y a une vingtaine d'années, n'offrent rien de particulier; des fenêtres garnies de claustras en pierre et séparées entre elles par des contreforts en forment toute la décoration.

L'intérieur se compose d'une nef dont les arceaux sont supportés par des colonnes provenant de l'ancienne mosquée, et de bas-côtés le long desquels règne une série de petites chapelles à coupoles décorées dans le style arabe. A la partie postérieure de l'édifice s'élève une belle coupole à pendentifs. A droite en entrant se trouvent les restes de Géronimo, esclave chrétien muré vivant par les Turcs; une inscription en marbre blanc rappelle son martyre et la date de sa translation du fort des Vingt-Quatre Heures à la cathédrale.

Église de Notre-Dame des Victoires, rue Bab-el-Oued.

Voir, dans la rue de *la Casbah*, la porte qui donne accès dans l'église de ce côté; c'est un chef-d'œuvre de sculpture sur bois; il est regrettable qu'il reste ainsi exposé aux profanations du temps et de la rue. D'après les renseignements que nous avons pu recueillir, cette porte provient de la *Djama Ketchawa* (aujourd'hui cathédrale). Le sculpteur arabe, auteur de ce travail, se nommait *L'Ablabchi;* c'est également lui qui, d'après le souvenir des indigènes, aurait fourni les dessins de la galerie de la Bibliothèque-Musée. Il vivait sous le pachalik de Mustapha (1799-1806).

Église Saint-Augustin, rue de Constantine.

Église Sainte-Croix, au haut de la rue de la Casbah.

Une chapelle. Rue des Consuls.

Culte protestant. — *Temple* (Confession d'Augsbourg), rue de Chartres.

Chapelle anglicane, près la porte de Constantine.

Culte musulman. — *Nos renseignements sont*

presque textuellement *extraits de l'ouvrage très
intéressant de* M. A. Devoulx : *Les Édifices religieux de l'ancien Alger*, 1870.

La *Grande-Mosquée*, rue de la Marine ; c'est
la mosquée la plus importante et probablement
une des *plus anciennes* d'Alger ; à l'appui de
cette dernière opinion, nous citerons une inscription qui se lisait autrefois sur le *Minbar* men-
tionnant son existence en 1018 ; en outre, elle
est surmontée par une série de toits à double
versant, recouverts en tuiles rouges, particularité très remarquable, que l'on ne rencontre que
dans les plus anciennes mosquées africaines,
contemporaines probablement de l'âge *berbère ;*
dans les temples musulmans plus récents, on ne
trouve que des dômes surbaissés, arrondis ou
ovoïdes.

L'intérieur de la grande mosquée mérite une
mention particulière ; il est de forme rectangulaire. De nombreux piliers en maçonnerie, placés à 4 mètres les uns des autres et supportant
des arceaux en ogive, forment onze travées, qui
courent parallèlement à la petite face ; la ligne
ogivale de l'arceau est elle-même découpée en
boucles d'inégale ouverture et de l'effet le plus
bizarre ; la petite cour, ornée d'un jet d'eau qui

sert aux ablutions, et de quelques orangers, est formée par l'interruption des cinq travées du milieu.

A l'angle N. se trouve le minaret, tour carrée, peu élevée, d'un aspect lourd et massif; malgré les louanges que lui décerne l'auteur d'une inscription du XVIe siècle, on a peine à admettre que la lune, si brillante dans le ciel pur d'Alger, ait pu en être jalouse.

Le sol est couvert de nattes, de vieux tapis; l'atmosphère assez fraîche, une demi-obscurité, invitent à la méditation et le plus souvent au sommeil les pieux musulmans. Le muphti, du rite *maléki* (le seul représenté en Algérie, avant la domination turque), et les autres agents de la mosquée, sont installés dans une annexe adossée à l'édifice.

A l'extérieur, la mosquée est entourée d'une galerie crénelée et d'un travail grossier; le péristyle qui longe la façade de la rue de la Marine est de date toute récente; les colonnes qui le composent proviennent de la démolition de la *Djama-Essida*, qui occupait en 1840 la portion de la place du Gouvernement qui s'étend devant l'*hôtel de la Régence*, plantée aujourd'hui de palmiers. La première pierre de ce péristyle fut posée en 1837, par S. A. R. le duc de Nemours;

c'est à cette date qu'il faut aussi rapporter la restauration du minaret.

Mosquée de la Pêcherie (*Rampe de la Pêcherie*). — Quand on arrive à Alger par mer, l'attention se porte tout d'abord sur une mosquée d'aspect monumental, assise sur l'extrême bord du plateau où commencent les bas quartiers de la ville, et dominant le port de son haut minaret et de sa grande et élégante coupole. Placé naguère en dehors de l'enceinte de la darse et complètement dégagé, ce blanc édifice appuyait sa base sur une petite plage, battue par les flots de la rade, dont le sable offrait un lit moelleux aux barques de pêcheurs et qui servait de débarcadère, à l'une des portes de la ville, appelée Bab-el-Bahar (*la porte de la mer*). Cette plage se trouvait à une quinzaine de mètres en contre-bas du plateau, et communiquait avec la ville au moyen d'un étroit couloir voûté, en pente fort rapide. Cet ancien piédestal, qui constituait une mise en scène des plus pittoresques, a été complètement modifié par l'établissement des quais et la construction du boulevard de la République ; avec lui a disparu un joli petit paysage maritime, qui était le principal charme de la mosquée.

Cet édifice est appelé par les indigènes *El-Djama el-Djedid*, ou plus habituellement *Djama-Djedid*, c'est-à-dire la *mosquée neuve*, et par nous la mosquée de la Pêcherie. Il couvre, avec ses dépendances, une superficie de 1,400 mètres carrés environ, et forme un carré long, orienté du N.-N.-O., au S.-S.-E. Une grande partie de la terrasse en maçonnerie qui la recouvre s'arrondit en plein cintre, représentant une croix latine couchée dans le sens de l'orientation.

A propos de cette forme insolite, on raconte la légende suivante. Un esclave chrétien fort habile dans l'art de construire fut chargé de diriger les travaux. Soit qu'il subît l'influence des souvenirs de sa patrie, soit qu'il eût l'intention de jouer un mauvais tour aux musulmans, il crut devoir adopter la figure d'une croix pour recouvrir son monument; mais cette idée lui fut fatale. Le fait ayant été dénoncé au pacha, celui-ci, indigné que le signe odieux des chrétiens maudits eût été représenté dans un temple mahométan, fit empaler le malencontreux architecte.

L'authenticité de cette légende, très peu répandue au reste parmi les indigènes, est fort douteuse. A ce propos, nous croyons devoir rappeler ici que l'ancienne église de Sainte-Sophie, dont le plan trace une croix, après être devenue la mosquée principale de Constantinople, a été le *type officiel* de construction de toutes les autres mosquées de l'empire turc. Or, que la croix soit grecque, c'est-à-dire à branches égales, comme à Sainte-Sophie, ou latine à branches inégales, comme à notre mosquée de la Pêcherie, elle demeure le signe caractéristique et bien connu du christianisme; et puisque son emploi en architecture ne choquait pas en Turquie, que bien plus il y était obligatoire, l'indignation que l'on prête au pacha d'Alger et le supplice de l'architecte de *Djama-el-Djedid* pour le motif indiqué paraissent des effets sans cause suffisamment certaine.

D'ailleurs, la forme cruciale a dû être évidente dès le creusement des fondations, et il n'est pas probable qu'on ait attendu pour s'en apercevoir que l'édifice fût terminé, c'est-à-dire le moment où la forme en question n'était presque plus visible.

Mais revenons à notre mosquée; au point d'intersection des deux branches de la croix, est placée une grande coupole ovoïde, élancée, élégante, entourée en contre-bas de quatre dômes de même forme. Le minaret, situé à l'angle N.-O., mesure près de 30 mètres de hauteur; l'administration française a installé dans son clocheton une horloge à trois cadrans.

Bien que cet édifice soit réellement d'un bel effet par son ordonnancement et par sa position, on y chercherait en vain des détails artistiques; c'est de la maçonnerie pure et simple.

L'intérieur présente un vaisseau très élevé, traversant l'édifice dans toute sa longueur, et coupé par deux nefs latérales; une tribune en bois longe la tige de la croix. Cette disposition lui donne une physionomie particulière; ce n'est pas l'ancien type arabe avec ses nombreux piliers et ses travées étroites, ni la nef carrée entourée de colonnes, c'est plutôt le plan de nos églises; le calme et la sévère ordonnance du lieu portent à la méditation, et l'on se prend, malgré soi, à ajouter foi à la légende tant controversée.

Le *Mihrab*, ou niche de l'*iman* (chef du culte), tapissé de carreaux en faïence dans sa partie inférieure et orné de moulures en plâtre, est placé à la façade S. au milieu des portes-fenêtres, donnant sur une galerie à colonnettes en pierre et à arcades ogivales, qui dominait autrefois la plage.

Djama-Sidi-Ramdan, dans la rue du même nom, a été bâtie avant l'occupation d'Alger par les Turcs.

Djama-Safir, rue Kléber, fondée en 1534 (940

de l'hégire), par Safar ben Abd-Allah, renégat et affranchi de Kheir-ed-Din.

Djama-Sidi-Bou-Gueddour, rue Kléber.

Djama-Sidi-Abdallah, dans la rue du même nom.

Zaouïa du marabout Sidi Abderrhaman-el-Tsa'lbi. — On appelle *zaouïa*, à Alger, un bâtiment plus ou moins grand, renfermant un nombre quelconque de cellules destinées au logement d'étudiants, d'étrangers indigents. A ce bâtiment sont annexés quelquefois une mosquée, des koubbas ou coupoles, des fontaines pour les ablutions. Tel est le cas de la zaouïa, que nous visitons aujourd'hui.

Elle est située au haut du jardin Marengo, qu'elle domine ainsi que le lycée; ses jardins sont adossés à l'ancienne fortification turque, dont on peut suivre le profil crénelé; elle comprend deux étages de constructions, dans lesquels on descend par un escalier à balustrade en briques, percé de créneaux; l'étage inférieur comprend une petite mosquée, dominée par un minaret carré, encadré de plusieurs rangs de colonnettes et de carreaux vernis de diverses couleurs. Une koubba d'assez grande dimension abrite tout à côté plusieurs tombes, parmi lesquelles celle du marabout Sidi-Abderrhaman, surmontée d'une châsse en bois découpé et sculpté; la coupole est ornée de drapeaux et d'*ex-voto* en soie brochée or et argent; de nombreuses lampes de toute provenance, surchargées de bougies, le colorent, le soir, des couleurs les plus bizarres; des versets du Coran sont écrits sur les faïences bleues et vertes qui couvrent les parois.

Dans un petit cimetière, compris dans l'enceinte de la zaouïa, a été enterré le dernier bey de Constantine, *El-Hadj Hamed*, mort à Alger en 1850; son tombeau est entouré d'une grille en bois formant kiosque.

Sidi Abderrhaman est l'objet d'une grande vénération parmi les indigènes, et si la plupart des *marabouts* ne sont que des fourbes, des fanatiques, de pauvres hères, qui exploitent la naïveté musulmane, celui-ci mérite d'être distingué par ses vertus réelles et par ses travaux sur la théologie et la jurisprudence musulmane. C'est à ses qualités que sa chapelle, but de pèlerinage incessant, devait des dotations relativement considérables; ces dotations, comme celles de beaucoup d'autres établissements religieux musulmans, ont été *médiatisées* par l'État, qui se charge, en échange, de l'entretien des édifices et du personnel du culte.

Zaouïa mosquée et tombeau de Mohammed-ech-Chérif, située au carrefour formé par les rues Kléber, Danfreville et du Palmier, est une des plus vieilles d'Alger.

Culte israélite.

Grande synagogue, rue Randon; monument de style mauresque, surmonté d'une coupole immense; lorsque les abords seront dégagés, on pourra mieux juger l'effet de l'ensemble.

Sociétés littéraires, scientifiques et artistiques.

1° Société historique algérienne, fondée en 1856, passage Narboni. — Quelques extraits de ses statuts feront connaître le but et la nature de ses travaux.

La Société historique algérienne est fondée dans le but de recueillir, étudier et faire connaître par une publication spéciale tous les faits qui appartiennent à l'histoire de l'Afrique; surtout ceux qui intéressent l'Algérie, depuis l'époque *libyque* jusques et y compris la période turque et les premiers temps de la conquête française.

Elle entend le mot *histoire* dans son acception la plus large, y comprenant avec l'étude des personnes, des faits et des monuments, celle du sol même auquel ils se rapportent. Elle s'occupe donc de l'histoire proprement dite, de la géographie, des langues, des arts et des sciences de l'Afrique septentrionale. Enfin elle emploie tous les moyens dont elle peut disposer, pour assurer la conservation des monuments historiques fixés au sol et prévenir autant que possible la dispersion des autres dans des collections particulières, où ils demeurent sans utilité pour la science.

La Société se réunit le premier jeudi de chaque mois, à 4 heures du soir, dans le local ordinaire de ses séances.

La Société publie tous les deux mois un recueil de ses travaux, sous le titre de *Revue africaine*, dans lequel sont insérés en entier ou par extraits les mémoires et autres ouvrages présentés par les membres de la Société, et dont l'impression aura été décidée à la suite d'un rapport.

On peut reproduire dans ce recueil, en entier, par extraits ou analyses et avec l'agrément des auteurs, des articles intéressant l'Algérie, qui auraient paru dans d'autres publications.

2° SOCIÉTÉ DE CLIMATOLOGIE ALGÉRIENNE, ayant pour objet l'étude de la géographie, de la topographie, de la météorologie, de la statistique, des sciences morales, physiques et naturelles.

Cette Société, fondée en 1864, publie un bulletin contenant l'exposé de ses travaux. Elle possède en outre (*rue Bruce*) un musée fort intéressant, surtout au point de vue des vestiges de l'*âge de pierre*, en Algérie.

3° Société d'Agriculture, fondée en 1840, reconnue comme établissement d'utilité publique en Algérie, le 1er mai 1861. Elle publie depuis 1857 le bulletin de ses travaux, véritable guide du cultivateur algérien. Elle a son siège aux voûtes du boulevard de la République, près l'Exposition permanente.

4° Société des Beaux-Arts d'Alger, rue du Marché; fondée en 1850, et organisée sur de nouvelles bases, en 1871, cette société s'est donné pour tâche de répandre et de propager dans la population algérienne le goût et la connaissance de l'art; dans ce but, elle collectionne les œuvres d'art originales, les modèles et méthodes pour l'enseignement, elle ouvre des cours gratuits destinés à propager le goût des lettres et des arts. Ses collections sont à la disposition des Algériens ou des étrangers qui désirent s'instruire ou les visiter. Quelques-uns des tableaux exposés méritent un examen attentif.

Bibliothèques. — Bibliothèque-Musée, *rue de l'État-Major*.

Causons un peu longuement de la Bibliothèque-Musée ; c'est l'établissement littéraire, scientifique et historique le plus sérieux de la colonie. M. Mac-Carthy, auteur d'ouvrages et de notes sur l'Algérie, très estimés, en est le conservateur érudit et laborieux. Il écrivait en 1871 :

La bibliothèque d'Alger est incontestablement appelée à devenir l'un des établissements scientifiques les plus importants du bassin de la Méditerranée. Située au centre d'une des contrées les plus historiques de l'ancien monde, au cœur d'une vaste région géographique et ethnographique, dont l'exploration complète exigera encore de longues années ; placée à la tête d'un pays où se développe une colonisation chaque jour plus puissante, à la porte des terres mystérieuses de l'Afrique centrale, elle doit être, pour les populations mêmes de l'Algérie et pour les voyageurs européens, un riche dépôt de connaissances et de renseignements de toute nature.

En considération de sa valeur actuelle, et en prévision de celle qu'elle doit acquérir, un décret du 5 mai 1870 l'a rattachée au ministère de l'instruction publique, et a donné au *conservateur un adjoint* qui l'aide dans ses travaux d'administration, de conservation et de surveillance. Ce personnel, comparé à celui de nos bibliothèques, même secondaires, de France, est trop restreint, surtout si l'on remarque que le souci des premiers conservateurs a été surtout de réunir le plus grand nombre d'ouvrages et de manuscrits, laissant à leur successeur le soin de les cataloguer, soin indispensable mais très laborieux.

La Bibliothèque, fondée en 1838, est installée dans une maison mauresque ayant appartenu à Mustapha-Pacha, descendant d'une ancienne famille, dans laquelle le titre de *pacha* était, pour ainsi dire, héréditaire. Cette maison est peut-être le type le mieux conservé d'architecture arabe : vestibule bordé de bancs en marbre, qui supportent des colonnettes gémellées ; cour ornée d'un jet d'eau et servant de musée proprement dit ; escalier orné de faïences émaillées ; au premier étage, quatre salles de lecture, reliées entre elles par une galerie extérieure, décorée de colonnes torses à gracieux chapiteaux ; ces colonnes sont réunies par une balustrade en *acajou*, délicatement découpée ; l'architecte arabe ignorant la valeur du bois, qu'un corsaire avait vendu à vil prix, n'a pas craint de la couvrir d'un badigeon de peinture verte. Au deuxième étage, même disposition, sans balustrade ; c'est le dépôt des cartes et de quelques objets d'art indigènes ; au-dessus, une terrasse où est installé l'observatoire météorologique.

Voilà le bâtiment décrit dans son ensemble, en négligeant les mille coins et recoins, annexes obligés de toute habitation arabe.

Certes, il est incontestable que la maison mauresque de Mustapha-Pacha mérite d'être conservée comme monument historique ; mais il est encore plus évident qu'une bibliothèque, augmentée d'un musée, y est fort mal à l'aise, et qu'un bâtiment où le marbre, les faïences, l'eau seraient plus rares, et où l'espace, la lumière seraient prodigués avec plus de libéralité, serait bien préférable.

Le musée est d'abord à l'état d'embryon et ne saurait se développer, sous peine d'entasser pierres et statues l'une sur l'autre ; on y lit fort mal les inscriptions d'une écriture délicate, et l'on ne peut juger de la valeur d'une statue qu'en la palpant, vu l'impossibilité de se placer à distance et de jouir d'un jour favorable.

Les volumes sont dispersés dans dix ou douze salles très obscures, surtout dans les rayons du haut, sans communication directe entre elles, ce qui rend la distribution aux lecteurs longue, le classement par ordre de connaissances à peu près impossible, et les soins matériels très difficiles.

Puisse cet état de choses, déplorable à tous les points de vue, frapper un visiteur qui s'intéresse vivement à la Bibliothèque, cette œuvre de civilisation par excellence, et Dieu veuille que ce même visiteur ne l'oublie pas, quand il trouvera l'occasion de plaider cette noble cause en haut lieu !

Passons maintenant à l'examen de nos richesses, qu'une longue fréquentation de la Bibliothèque nous a permis d'entrevoir.

Dans le Musée : spécimen de l'écriture des diverses couches ethnographiques de l'Algérie :

Inscriptions *lybico-berbères*, dont l'existence était inconnue naguère et que les beaux travaux de MM. Judas, Letourneux et spécialement de M. le médecin militaire Reboud, ont révélée au monde savant ;

Inscriptions *puniques* ;

Inscriptions *romaines* ;

Inscriptions *arabes, espagnoles, turques* ;

Statues ou fragments de statues *romaines* ou *byzantines* ;

Objets d'art arabes, *aiguières, compotiers en cuivre*, du XIVᵉ siècle, etc., etc. ; *astrolabe,* la plus curieuse et la plus complète qui soit connue, recueillie à Touggourt par le général Desvaux, et offerte au musée par le général de Neveu.

La bibliothèque possède environ 35,000 volumes; plus une collection de cartes, photographies, documents français ou étrangers, manuscrits, autographes précieux (*Napoléon Ier*, *docteur Schaw*, etc.).

La collection des ouvrages relatifs à l'Algérie est la plus complète qui existe, et chaque jour on recherche activement les *desiderata* qui manquent encore.

Parmi les manuscrits arabes, aujourd'hui catalogués avec soin, il y en a de très précieux, tant au point de vue de l'histoire générale qu'au point de vue des archives des villes d'Algérie.

(La bibliothèque est ouverte tous les jours, sauf le dimanche, de midi à 5 heures du soir.)

Bibliothèque de la Direction générale, *rue Bruce*.

Cette bibliothèque, qui était purement *législative* et *administrative*, et comptait dans cet ordre de connaissances près de 3,000 volumes, a été versée à la Bibliothèque-Musée; elle possédait en outre des archives très intéressantes comprenant :

1° *Les Archives du Consulat de France*, 1686 à 1830.

Ces archives ont été en partie publiées par M. Devoulx, dans la *Revue africaine;*

2° *Les Archives espagnoles*, que M. Élie de la Primaudaie, le savant archiviste a publié dans la même Revue ;

3° *Les Archives des Affaires militaires et civiles*, 1830 à 1858.

Ces archives, débris de l'envoi fait en 1859 par le ministère de la guerre au ministère de l'Algérie, sont très incomplètes.

Bibliothèque de la Ville (*Mairie, boulevard de la République*).

Inaugurée le 30 octobre 1873, cette bibliothèque, qui compte 6,000 volumes environ, n'a pas de caractère nettement défini. Elle est ouverte tous les soirs, l'hiver, de 8 à 10 heures.

Les écoles d'enseignement supérieur, situées à Mustapha, au lieu dit Camp d'Isly, donnent l'enseignement du droit, de la médecine, des sciences et des lettres.

L'École de droit confère le diplôme de licencié, et, en outre, des certificats d'études de législation algérienne et de coutumes indigènes, exigés pour les fonctions de notaire, d'avoué et de greffier près la Cour et les tribunaux en Algérie. Elle publie, avec la collaboration de magistrats, jurisconsultes et fonctionnaires de l'administration, la *Revue algérienne et tunisienne de législation et de jurisprudence* (Ad. Jourdan, éditeur).

L'École de médecine confère le diplôme d'officier de santé, de sage-femme de 2me classe, de pharmacien et d'herboriste de 2me classe, le certificat de validation de stage officinal. Ces diplômes sont valables pour toute l'Algérie. Elle publie une Revue, l'*Alger médical*, dont le comité de rédaction est nommé par les professeurs de l'École de médecine, la Société de médecins, l'Association des médecins de l'Algérie et la Société des pharmaciens du département d'Alger (Ad. Jourdan, éditeur).

L'École des sciences confère le diplôme de

bachelier, et prépare diverses licences et agrégations.

L'École des lettres confère le diplôme de bachelier, et prépare aux diverses licences et agrégations. Elle délivre en outre des diplômes et brevets de langue arabe et de langue kabyle.

Le *Bulletin de l'École des lettres* contient des études de linguistique, d'archéologie, d'épigraphie, sur l'Algérie, la Tunisie et le Maroc.

La Bibliothèque universitaire, située dans les bâtiments des Écoles supérieures, compte environ 15,000 volumes de droit, médecine, science, histoire, littérature.

Bien qu'en principe les laboratoires et la Bibliothèque universitaire ne soient ouverts qu'aux membres du personnel enseignant et aux étudiants des Écoles, les personnes étrangères à l'Université peuvent y être admises avec une autorisation expresse.

L'Observatoire astronomique d'Alger, établi sur l'un des sommets de la Bouzaréa, au lieu dit la *Vigie*, dans une situation admirable, il a reçu des développements qui en font un établissement de premier ordre. Il se compose de dix pavillons, dont trois servent de logement aux astronomes, tandis que les sept autres sont réservés pour la bibliothèque et les observations proprement dites.

Le matériel d'observations comprend principalement :

1° Un grand télescope de $0^m,50$ de diamètre.

2° Un équatorial coudé de $0^m,34$ de diamètre, et de $7^m,50$ de longueur focale.

3° Un équatorial photographique de $0^m,34$ de diamètre, et de $3^m,40$ de longueur focale, muni d'un chercheur parallèle de 21 centimètres d'ouverture.

4° Un grand spectroscope solaire de Thollon.

5° Un sidérostat polaire avec deux miroirs de $0^m,30$ de diamètre. C'est un des plus grands appareils de ce genre qui existent au monde.

6° Un cercle méridien de $0^m,21$ d'ouverture.

Le nombre des astronomes est actuellement de cinq. Les travaux effectués dans cet observatoire embrassent la physique scolaire, la photographie stellaire, et l'astronomie de haute précision.

BIBLIOTHÈQUE MILITAIRE. (V. *Réunion des officiers.*)

Il convient d'ajouter à cette nomenclature les

collections que possèdent les Sociétés savantes dont nous avons parlé.

Exposition permanente des produits de l'Algérie (*sous les voûtes du boulevard de la République; on y parvient en descendant l'escalier de la Pêcherie*).

Peu fréquentée par les Algériens, cette Exposition offre au voyageur le tableau le plus complet des richesses de toute nature de notre colonie; aussi le peu de soins que l'on prend pour augmenter ou même entretenir ces riches collections est des plus regrettables. Madame Loche en est la conservatrice, et ce choix est la juste récompense, et aussi la seule, des travaux du commandant Loche, au zèle duquel la ville est, en grande partie, redevable de la réunion des divers échantillons qui sont classés avec le plus grand ordre.

Le *Règne minéral* est représenté par des fragments de minerais des trois provinces : *cuivre gris, pyriteux; fer oxydé, carbonaté, olygiste; galènes de plomb; manganèse; sel gemme; gypse gris, blanc; ardoises; antimoine sulfuré; sulfure de mercure; marbres* des nuances les plus riches et susceptibles du plus brillant poli; *onyx translucides*..., etc., etc.

Le *Règne végétal* offre des échantillons de cèdre, dont quelques rondelles atteignent 1^m,80 de diamètre; de *thuya moucheté*, qui est peut-être le plus beau bois d'ébénisterie; de *chêne zéen, vert, liège;* d'*olivier*, de *térébenthine, frêne, orme, micocoulier, caroubier*..., etc., etc.

Les *Céréales* présentent tous nos produits d'Europe, mais de grain supérieur, et aussi des produits indigènes, tels que *blé dur, sorgho*, etc.

Passons rapidement sur les *plantes textiles* (*coton, lin, alfa*), etc., les plantes *alimentaires, oléagineuses, tinctoriales*...; une sèche nomenclature ne saurait remplacer une visite, mais nous tenons cependant à constater une fois de plus nos richesses multiples, pour faire entrevoir l'avenir si fécond de l'Algérie.

A côté de ces produits du sol, admirons une riche collection de tapis qui couvrent les murs. Hélas! ils n'ont plus la fraîcheur du premier jour; la poussière s'y dépose en couches tranquilles, mais leur ensemble nous permet d'admirer la richesse et la variété des productions de l'art arabe sous la tente.

Quelques belles armes nous rappellent une industrie qui tend à disparaître.

Enfin, tout au fond, la collection complète des oiseaux d'Algérie, de leurs œufs et de leurs nids, fait renaître encore nos regrets sur l'état d'abandon dans lequel la ville, le département et la colonie laissent cette belle Exposition, qui est, pour ainsi dire, l'*enseigne*, le *prospectus de l'Algérie*.

Publications périodiques. — Journaux politiques. — Le *Moniteur de l'Algérie*, fondé en 1832.

Le *Bulletin officiel du gouvernement général*, fondé en 1834.

L'*Akhbar*, fondé en 1839.

Le *Mobacher*, fondé en 1848.

La *Vigie algérienne*, fondée en 1872.

Le *Petit Colon*, fondé en 1877.

La *Dépêche algérienne*, fondée en 1885.

Le *Radical algérien*, fondé en 1881.

Alger saison, fondé en 1879.

Publications littéraires, scientifiques.

En dehors des Bulletins publiés par les sociétés savantes dont nous avons parlé, nous devons mentionner :

L'*Algérie agricole*, fondée en 1868, publiée sous la direction du Comice agricole d'Alger ;

Alger médical, fondé en 1872, dont le comité de rédaction est nommé par les membres de l'École de médecine, et par l'association des médecins de l'Algérie ; imprimerie Adolphe Jourdan.

Gazette médicale de l'Algérie, fondée en 1856.

Bulletin de l'Instruction primaire, fondé en 1875.

Bulletin universitaire, fondé en 1887, imprimerie Adolphe Jourdan.

Bulletin de l'Association scientifique algérienne, fondée en 1879, imprimerie Adolphe Jourdan.

Revue africaine, journal des travaux de la Société historique algérienne, fondée en 1856, imprimerie Adolphe Jourdan.

Revue algérienne et tunisienne de législation et de jurisprudence, publiée par l'École de droit d'Alger, fondée en 1885, imprimerie Adolphe Jourdan.

Bulletin de la Ligue du reboisement, fondé en 1881.

Cercles. — CERCLE D'ALGER, *rue Combes*.

CERCLE DU COMMERCE, *passage Sarlande*.

Théâtres. — Les Algériens indigènes n'avaient point de salle de spectacle. Dans les cafés maures, des chanteurs accompagnés de divers instruments racontaient et racontent encore des légendes guerrières ou, le plus souvent, des poèmes érotiques, dont la traduction, *même en latin*, serait impossible. Quelquefois, des danses d'almées (*n'bitas*) réunissaient quelques riches amateurs ; aujourd'hui les almées ont à peu près disparu d'Alger ; les danses arabes ont fui vers le Sud, et ce n'est que dans les *ksours* éloignés que l'on peut encore voir se tordre, aux sons d'une musique infernale, des corps de femme, au teint hâlé, aux vêtements en haillons, dont la vue fait crouler l'illusion la plus féroce. La grande distraction de l'indigène, aujourd'hui, est une séance des *Aïssaoua*. Ces séances ont lieu dans le quartier de la Casbah ; il ne manquera pas à l'étranger de *cicerone* pour lui indiquer exactement le lieu, le jour et l'heure.

Aïssaoua. — La confrérie des Aïssaoua a pour fondateur un marabout vénéré, né à Meknès, grande ville du Maroc, qui est encore aujourd'hui la résidence du grand maître de l'ordre ; elle paraît étrangère à la politique, et ne compte que peu d'adhérents en Algérie. Les séances, à peu près publiques, sont considérées par les Arabes plutôt comme un sujet de distraction que comme un acte religieux; leurs jongleries ne varient guère, mais elles paraissent vivement impressionner les indigènes qui ne sont pas éloignés de voir se manifester l'influence de *Sidi Aïssa*, dans ces tours de prestidigitateurs vulgaires, que Robert Houdin aurait désavoués. A ce titre, nous croyons devoir donner le tableau d'une séance de haute cérémonie; les séances de la Casbah n'en donnent que des épisodes, et encore les *Khouan* (frères) perdent-ils, tous les jours, de leur habileté première.

La scène se passe à la ferme de Gerouaou, près de Blidah, en 1845, chez le caïd d'une tribu de la Mitidja, devant le commandant Bourbaki et Th. Gautier, ce maître *impeccable* dans l'art de décrire. Nous nous hâtons de lui céder la parole :

L'orchestre du caïd débuta par une sérénade en notre honneur; l'instrument dont les musiciens se servaient était une espèce de hautbois ou de flûte, avec une anche plate et cerclée d'une rondelle de bois où s'appuyaient les lèvres des musiciens; immobiles, les yeux baissés, ne faisant d'autres mouvements que ceux indispensables pour le placement des doigts sur les trous, ils nous jouèrent, sur une tonalité très élevée, une cantilène qui rappelait beaucoup la danse des almées de Félicien David. Les broderies des deux flûtes semblaient s'enlacer autour du motif principal comme les serpents autour du caducée de Mercure ; qu'on nous passe cette comparaison mythologique, ou, si elle paraît trop surannée, comme deux de ces spirales laiteuses qui montent en sens inverse dans le pied des verres de Venise.

Les compositeurs de profession trouvent la musique des Orientaux barbare, discordante, insupportable ; ils n'y reconnaissent aucun dessin, aucun rythme, et n'en font pas le moindre cas. Pourtant elle m'a souvent produit des effets d'incantation extraordinaires, avec ses quarts de ton, ses tenues prolongées, ses soupirs, ses notes ramenées opiniâtrément ; ces mélodies frêles et chevrotantes sont comme les susurrements de la solitude, comme les voix du désert, qui parlent à l'âme perdue dans la contemplation de l'espace ; elles éveillent des nostalgies bizarres, des souvenirs infinis, et racontent des existences antérieures qui vous reviennent confusément ; on croirait entendre la chanson de nourrice qui berçait le monde enfant. — Si j'ai jamais compris les effets prodigieux que les historiens rapportent de la musique grecque, dont le secret est perdu pour les civilisations modernes, malgré les efforts de quelques musiciens érudits, c'est en écoutant ces airs arabes dédaignés par messieurs de la fugue et du contrepoint, et qui ont valu à l'ode-symphonie du *Désert* la plus rapide et la plus enthousiaste vogue musicale de notre temps.

La cour dans laquelle la cérémonie allait commencer était assez vaste, entourée par des bâtiments à toits plats et crépis à la chaux; elle s'éclairait bizarrement par des bougies et des lampes placées à terre auprès des groupes. Le ciel, d'un indigo sombre, s'étendait au-dessus comme un plafond noir tout dentelé par des files de spectres blanchâtres, posées, ainsi que des oiseaux de nuit, sur le rebord du toit. On eût dit un essaim de larves, de lémures, de stryges, d'aspioles et de goules, attendant la célébration de quelque mystère de Thessalie, ou l'ouverture de la ronde du sabbat. Rien n'était plus effrayant et plus fantastique que ces ombres muettes et pâles suspendues au-dessus de nos têtes dans l'immobilité morte de créatures de l'autre monde. C'étaient les femmes de la tribu qui s'étaient rangées sur les terrasses pour jouir, à leur aise, de l'horrible spectacle qui allait avoir lieu.

Les Aïssaoua s'étaient accroupis, au nombre d'une trentaine environ, autour du *mokaddem* ou officiant, qui commença, d'une voix lente et monotone, à réciter une prière, que les khouan accompagnaient de grognements sourds. De temps à autre, un faible coup de tarbouka rythmait et coupait ce murmure, qui allait s'enflant peu à peu et se grossissant comme une vague, avec un bruit d'océan ou de tonnerre lointain.

Tout à coup un cri aigu, prolongé, chevroté, un piaulement de chouette ou d'orfraie éblouie, un sanglot d'enfant égaré, un rire de goule dans un cimetière, partit, à travers la nuit, comme une fusée stridente. Cette note, d'une tonalité surnaturelle, cette note aigre, frêle et tremblée, fausse comme un soupir de hyène, méchante comme un ricanement de crocodile, éveilla dans le lointain les jappements enroués des chacals, et me fit froid à la moelle des os. Il me sembla qu'un vol d'afrites ou de djinns passait au-dessus de moi.

Ce miaulement infernal était poussé par les femmes, qui soutiennent ce cri en frappant leur bouche avec le plat de la main, pour faire vibrer le son. On ne saurait imaginer rien de plus discordant, de plus affreux, de plus sinistre. Les grincements des roues de chars à bœufs, qui, pendant la nuit, dans les montagnes de l'Aragon, font fuir les loups d'épouvante, ne sont, à côté de cela, que de l'harmonie rossinienne.

Cet épouvantable applaudissement parut exciter les Aïssaoua : ils chantèrent d'une voix plus forte et plus accentuée. Les joueurs de tarboukas frappèrent leur peau d'onagre avec une vigueur et une activité toujours croissantes. Les têtes des assistants marquaient la mesure par un petit hochement nerveux, et les femmes scandaient l'interminable litanie des miracles de *Sidi-M'hammed-ben-Aïssa* de glapissements de plus en plus rapprochés.

La ferveur de la prière augmentait; les figures des khouan commençaient à se décomposer; ils remuaient la tête comme des *poussahs*, ou la faisaient rouler d'une épaule à l'autre ; la mousse leur venait aux lèvres, leurs yeux s'injectaient, leurs prunelles renversées fuyaient sous la paupière et ne laissaient voir que la cornée ; tout en continuant leur balancement d'ours en cage, ils criaient : « Allah! Allah! Allah! » avec une énergie si furibonde, un emportement de dévotion si féroce, d'une voix si sauvagement rauque, si caverneusement profonde, que l'on aurait plutôt dit des rugissements de lions affamés que des articulations de voix humaines. Je ne conçois pas comment leurs poitrines n'étaient pas brisées par ces grommèlements formidables à rendre jaloux les fauves habitants de l'Atlas.

Le rythme des tambours devenait de plus en plus impérieux ; les Aïssaoua s'agitaient avec une frénésie enragée ; le balancement de tête, qui n'avait été d'abord exécuté que par quelques-uns, était maintenant général ; seulement, les oscillations prenaient une telle violence, que l'occiput allait frapper les épaules, et que le front battait la poitrine en brèche. Cela bientôt ne suffit plus. Le balancement avait lieu de la ceinture en haut, et le corps décrivait un demi-cercle effrayant ; c'étaient des convulsions, de l'épilepsie, de la danse Saint-Guy, comme au moyen âge.

De temps en temps, quelque frère épuisé de fatigue roulait à terre, haletant, couvert de sueur et d'écume, presque sans connaissance ; mais poursuivi par le tonnerre implacable des tarboukas, il tressaillait, et se soulevait, par secousses galvaniques, comme une grenouille morte, au choc de la pile de Volta. A cette vue, les spectres enthousiasmés secouaient leurs linceuls sur le bord des terrasses, et faisaient grincer, avec un bruit plus sec et plus rauque, la crécelle de leur voix. On remettait le chaviré sur son séant, et il recommençait de plus belle.

Un Aïssaoua, considérable dans la secte, et qu'on semblait regarder avec une sorte de terreur respectueuse, se tordait dans des crispations de démoniaque. Ses narines tremblaient, ses lèvres étaient bleues, les yeux lui sortaient de la tête, les muscles se tendaient sur son cou maigre comme des cordes de violon sur le chevalet; des trépidations nerveuses agitaient son corps du haut en bas; ses bras se démenaient comme les ressorts d'une machine détraquée, avec des mouvements qui ne partaient plus d'un centre commun et auxquels la volonté n'avait pas part. On le mettait debout, en le tenant sous les aisselles; mais il se projetait si violemment en avant et en arrière, comme ces personnages ridicules qui font des saluts grotesques dans les pantomimes, qu'il entraînait avec lui ses deux assesseurs et retombait bientôt à terre en se tortillant comme un serpent coupé, et en rauquant le nom d'*Allah!* avec un râle si guttural et si strident, quoique bas, qu'il dominait les cris des khouan, les piaulements des femmes et le trépignement des convulsionnaires.
— Si jamais le diable est forcé de confesser Dieu, il le fera de cette manière.

Mon œil se troublait et ma raison s'embarrassait à regarder cette scène vertigineuse. La singulière sympathie imitative qui vous fait détendre les mâchoires en face d'un bâillement me causait, sur mon tapis, des soubresauts involontaires ; je secouais machinalement la tête, et je me sentais, moi aussi, des envies folles de pousser des hurlements. Un cavalier du maghzen, assis non loin de moi, n'y put résister plus longtemps et roula sur la poussière, avec des rires et des sanglots nerveux, se soulevant au rythme pressé, saccadé, haletant des tarboukas, ronflant sous une furie de percussion toujours augmentée.

Le désordre était au comble, l'exaltation touchait à son paroxysme. Par la persistance du chant, du tambour et de l'oscillation, les Aïssaoua avaient atteint le degré d'orgasme nécessaire à la célébration de leurs rites. Le délire, la catalepsie, l'extase magnétique, la congestion cérébrale, tous les désordres nerveux traduits en sanglots, en contorsions, en roideurs tétaniques, convulsaient ces membres disloqués et ces physionomies qui n'avaient plus rien d'humain. La lumière des lampes s'entourait d'auréoles sanglantes dans la rousse brune de poussière soulevée par ces forcenés, et ses reflets rougeâtres donnaient un air encore plus fantastique à cette scène bizarre, dont le souvenir nous est resté comme celui d'un cauchemar.

Tout cela grouillait, fourmillait, trépidait, sautelait, gloussait, hurlait dans un pêle-mêle hideux. Les mouvements de l'homme avaient fait place à des allures bestiales. Les têtes retombaient vers le sol comme des mufles d'animaux et une fauve odeur de ménagerie se dégageait de ces corps en sueur.

Nous frissonnions d'horreur dans notre coin, mais ce que nous venions de voir n'était que le prologue du drame.

Se traînant sur les genoux ou les coudes, ou se soulevant à demi, les Aïssaoua tendaient leurs mains terreuses au mokaddem, tournaient vers lui leurs faces hâves, livides, plombées, luisantes de sueur, éclairées par des yeux étincelants d'une ardeur fiévreuse, et lui demandant à manger, avec des pleurnichements et des câlineries de petits enfants.

« *Si vous avez faim, mangez du poison,* » leur répondit le mokaddem, comme le fit Sidi-Mohammed-ben-Aïssa à ses disciples, qui s'en trouvèrent si bien, d'après la légende dont cette cérémonie est destinée à perpétuer la mémoire.

Ce qui se passa, après que le mokaddem eut fait signe d'apporter les nourritures, est si étrange que je supplie mes lecteurs de croire littéralement tout ce que je vais leur dire. Mon récit ne contient aucune exagération, d'abord parce que l'exagération n'est pas possible dans la peinture de ce monstrueux délire qui laisse bien loin derrière lui les visions de Smarra et les caprices de Goya, le graveur des épouvantes nocturnes. Des crapauds, des scorpions, des serpents de différentes espèces, furent tirés de petits sacs, et dévorés vivants par les Aïssaoua, avec des marques d'indicible plaisir. Ceux-ci léchaient des pelles ou des bêches rougies au feu; ceux-là mâchaient des charbons ardents; d'autres puisaient, dans des terrines, du couscoussou mélangé de verre pilé et de tessons, ou mordaient des feuilles de cactus dont les épines leur traversaient les joues. J'ai gardé longtemps plusieurs de ces feuilles, épaisses et dures comme des semelles de botte, qui portaient, découpées à l'emporte-pièce, l'empreinte des dents de ces étranges gastronomes.

Chacun, en dévorant sa dégoûtante pâture, imitait le cri d'un animal : qui, le rugissement du lion, qui, le sifflement de la vipère, qui, le renâclement du chameau, ou poussait des cris inarticulés, spasmes de l'extase, échappements de l'hallucination, appels aux visions inconnues, perceptibles pour le croyant seul.

Les plus fervents se couchaient sur des lits de braise, comme sur des lits de roses ; et dans cette position de Guatimozin, leur visage s'illuminait d'une indicible expression de volupté céleste, qui rappelait l'expression des martyrs chrétiens dans les tableaux des grands maîtres.

Un des fanatiques, âgé à peine d'une vingtaine d'années, s'avança jusqu'à l'endroit où nous étions assis, et de l'air le plus tranquille du monde, tout en dodelinant sa tête alourdie par un hébétement de béatitude, il se posa, sous les aisselles, quatre mèches soufrées, tout en feu, et les promena lentement, le long de chacun de ses bras ; une forte odeur de chair grillée nous montait aux narines, et lui, souriant avec un sourire d'amoureuse langueur, marmottait à demi-voix le nom d'Allah !

Un autre, à moitié nu, sec, maigre et fauve, se frappait la poitrine d'une façon si rude, qu'à chaque coup il jaillissait un flot de sang. Près de lui, un de ses compagnons sautait, pieds nus, sur des tranchants de yatagans.

Les tarboukas tonnaient sans interruption; les cris des femmes se succédaient d'instants en instants, plus perçants, plus grêles, plus chevrotés que jamais, dépassant en acuité la chanterelle des plus aigres violons. Il n'y avait plus un seul frère debout; tous se roulaient épileptiquement dans un hideux mélange de débris impurs, comme des nœuds de serpents qui se tordent sur un fumier. Je laissais flotter mes yeux, fatigués et troublés, sur ce monstrueux ramas de têtes, de torses et de membres désordonnés, fourmillant dans la poussière et la fumée, lorsqu'il se fit, à l'une des portes, un mouvement qui annonçait un nouvel épisode à ce sauvage poème.

Deux Arabes entrèrent dans la cour, traînant par les cornes un mouton qui résistait beaucoup, et arc-boutait désespérément ses pattes contre terre pour ne pas avancer. On eût dit qu'il pressentait son sort. Son grand œil, bleu pâle, fou de terreur, se dilatait prodigieusement et jetait, à l'entour, des regards vitrés qui n'y voyaient pas; ses narines camuses distillaient une mousse sanguinolente, et tout son corps tremblait comme la feuille. Quoique personne ne l'eût touché, il était déjà mort, pour ainsi dire.

A la vue du mouton, une clameur assourdissante, un hourra frénétique sortit de toutes ces poitrines où il ne semblait devoir plus rester que le souffle ; un pareil hurlement doit jaillir d'une fosse aux ours, où il tombe un homme.

Les Aïssaoua se jetèrent sur la pauvre bête, la renversèrent, et, pendant que les uns lui maintenaient les pattes, malgré ses tressaillements et ses faibles ruades d'agonie, les autres lui déchiraient le ventre, à belles dents, mâchaient ses entrailles parmi les touffes de laine. Ceux-ci tiraient à eux, comme font les oiseaux carnassiers sur les charognes, un long filament de boyau, qu'ils avalaient à mesure ; ceux-là plongeaient leur tête dans la carcasse effondrée, mordant le cœur, le foie ou les poumons. Le mouton ne fut bientôt qu'une boue sanglante, un lambeau informe que ces bêtes féroces se disputaient entre elles avec un acharnement que des hyènes et des loups n'y auraient certes pas mis.

Un détail purement oriental augmentait encore l'horreur de cette scène. Les Arabes, comme tous les peuples musulmans, se rasent la tête ; les Aïssaoua de Gerouaou, après deux heures de contorsions et d'épilepsie, étaient presque tous décoiffés, et leurs crânes dénudés se nuançaient, comme un menton dont la barbe est faite, de tons bleuâtres et verdâtres, assez semblables à ceux de la moisissure ou de la putréfaction. Ces faces cuivrées, surmontées de tons faisandés, avaient un aspect bestial et sinistre, et, à voir ces crânes bleus, emmanchés de nuques rouges, se plongeant dans les entrailles pantelantes du mouton, on eût dit de monstrueux oiseaux de proie, moitié hommes, moitié vautours, dépeçant quelque carcasse abandonnée sur une voirie. — Les lambeaux de draperie, qui palpitaient sur ce groupe impur, simulaient assez bien de vieilles ailes flasques.

A la fin, ivres de ce repas de Lestrigons, fatigués des délires de cette nuit orgiaque, les Aïssaoua tombèrent, lourdement, çà et là, et s'endormirent d'un sommeil inerte.

(T. GAUTIER, *Œuvres complètes*.)

Passons maintenant aux scènes françaises :

THÉATRE-NATIONAL. — Dès notre arrivée à Alger, un théâtre s'installa naturellement, en même temps que les services les plus élémentaires de notre colonie; il traîna de la rue de l'État-Major à la Jénina, à l'Esplanade Bab-el-Oued, jusqu'au jour où l'édilité lui donna un asile définitif sur la place de la République.

Le Théâtre-National, incendié au commencement de 1882, reconstruit, agrandi et réouvert le 1ᵉʳ décembre 1883, est un des grands monuments construits par nous dans Alger, style Renaissance. La façade est élevée d'une vingtaine de marches au-dessus du sol; un grand foyer, éclairé par de doubles fenêtres, ornées de colonnes, s'ouvre sur la baie d'Alger ; quatre statues allégoriques couronnent l'édifice. L'intérieur est décoré avec goût. La salle des fêtes, aménagée derrière la scène et adossée à l'escalier monumental qui mène au marché de la Lyre, a englobé une gracieuse fontaine à vasque, jadis oubliée derrière le théâtre, maintenant placée, au fond de la salle, dans une niche tapissée de miroirs.

Je ne parlerai pas du succès des représentations. La question est brûlante; mais, par une tiède soirée d'hiver, entre la clochette du régisseur, qui rappelle les spectateurs, et le léger bruissement des jacarandas et des bambous du square, hésitez!

Théatre-Concert de la Perle, *rue des Trois-Couleurs*. — Ce théâtre, de tapageuse mémoire, aujourd'hui coquettement habillé à neuf, avec une certaine désinvolture, aborde résolument la chanson, l'opéra-bouffe, les jongleurs japonais, le trapèze, les spirites..., etc., etc. On fume et l'on cause dans la salle.

Établissements militaires. — Anciens Remparts Turcs. — L'Alger turc était complètement entouré de remparts qui dessinaient un triangle parfait dont le sommet était la Casbah, et dont la base reposait, à l'E., à la porte Bab-Azoun (aujourd'hui milieu du square de la République), et à l'O. à la porte Bab-el-Oued (aujourd'hui pénitencier militaire). Ces remparts démolis en partie sont, en certains endroits, en parfait état de conservation, en particulier le long de l'escalier du boulevard Gambetta, et de la rampe Valée, à hauteur de la zaouia de Sidi-Abderrahman; ils sont formés de blocs de pisé, quelquefois revêtus en briques, présentant sur leur crête, çà et là, d'assez larges échancrures pour les canons, et, dans l'intervalle, des créneaux pour la mousqueterie.

Au sommet du triangle formé par la ville se trouve :

La Casbah. — Cette forteresse a subi une série de nombreuses transformations, depuis l'époque de sa fondation, dont la date exacte n'est pas connue, mais ne doit être guère antérieure au XVIᵉ siècle.

Vers 1618, c'était une simple caserne peu importante.

Elle n'est formée, en réalité, que par un pan de muraille, haut de 25 empans, saillant du corps de l'enceinte d'à peu près trois ou quatre pas, et qui, après un parcours de cent pas dans une direction nord et sud, vient, par un angle rentrant, se relier de nouveau à l'enceinte principale. Fermée à l'intérieur de la ville par un mur plus faible et de même étendue, cette forteresse, dont la superficie est de cent pas de long sur soixante de large, est en quelque sorte séparée du reste de la fortification. Son mur extérieur est flanqué d'un terre-plein d'une épaisseur de 20 empans, et présente en saillie deux tours également terrassées et contenant ensemble, sur un espace assez étroit, à peu près huit pièces de canon de petit calibre. Dans l'intérieur de la Casbah habitent, dans des logements spéciaux, soixante janissaires, vieux soldats, presque tous mariés, qui, nuit et jour, gardent cette forteresse avec une grande vigilance. (Haedo.)

A partir de cette date, la Casbah dut être transformée, agrandie; les janissaires et leurs officiers y firent construire des demeures particulières, et la séparèrent du reste de la ville par un rempart élevé et solide, que l'on voit encore aujourd'hui.

On peut s'étonner, avec raison, que nos consuls, qui ont résidé à Alger depuis le XVIe siècle, nous aient toujours laissés dans l'ignorance la plus absolue de la topographie d'Alger, des mœurs, de la langue et de l'histoire de ses habitants. Au moment de la conquête, dans le but de publier les ouvrages relatifs aux États Barbaresques, on chercha, mais en vain, dans les archives du ministère des affaires étrangères et du commerce, quelques documents intéressants. On dut se borner à réimprimer les voyages de quelques hardis voyageurs, le plus souvent étrangers, ou les ouvrages publiés *par les consuls des autres nations*. Et cependant, par sa position, l'Algérie nous intéressait beaucoup plus que les États-Unis, par exemple, dont le représentant, M. Shaler, a écrit une histoire fort intéressante d'Alger. *La Correspondance officielle des consuls de France à Alger*, publiée depuis, n'a point laissé percer de graves préoccupations au sujet de la connaissance du pays; elle a trait, presque exclusivement, au commerce et à la politique au jour le jour.

Quoi qu'il en soit, en 1818, *Ali ben Ahmed*, pacha-dey, pour se soustraire aux caprices des janissaires qui venaient d'étrangler, dans l'année, deux de ses prédécesseurs, quitta nuitamment la *Jénina*, ancien palais des souverains, et se transporta à la Casbah, où il se trouva à l'abri d'un coup de main. Ce dey, et son successeur *Hussein ben Hassen*, embellirent leur nouvelle résidence, d'autant mieux que la crainte de périr victimes d'un complot les retenait comme prisonniers dans ces murs qu'Hassein ne franchit que *deux fois en douze années de règne*.

Voici dans quel état notre armée expéditionnaire la trouva en 1830. C'est un témoin oculaire qui parle :

La citadelle de la *Casaubah*, résidence du dey, lieu où il enfermait le trésor de la Régence, s'élève au sommet du triangle que forme la ville qu'elle domine. Il semble que l'esprit du gouvernement algérien se retrouve empreint jusque dans la construction de cette forteresse. La *Casaubah* menaçait encore plus Alger qu'elle ne le protégeait ; elle était entourée d'un mur d'enceinte formé d'une espèce de terre-plein, et bâtie en triangle comme la ville elle-même.

On y pénétrait par un porche sombre, au centre duquel s'élevait une coupe en marbre blanc où coulait une eau limpide : c'était l'entrée de la *Casaubah*. Ce porche, grossièrement décoré de lignes rouges et bleues, était le poste avancé où se tenaient les nègres qui formaient, dans les derniers temps, la garde fidèle du dey. La *Casaubah* était à la fois un palais et un antre ; elle présenta aux regards étonnés de nos soldats son enceinte irrégulière formée par des murailles d'une grande élévation, blanchies à la chaux, sans issues, sans jour, crénelées à la mauresque, et desquelles s'échappaient, par de profondes embrasures ouvertes sans symétrie, sans alignement, de longs canons dont l'embouchure était peinte en rouge. Le porche franchi, une seconde ruelle conduisait, d'un côté, au magasin à poudre, et, de l'autre, à l'entrée de la *cour intérieure* où le dey avait coutume de résider. Cette cour, dallée en marbre, était carrée; elle offrait, sur trois de ses côtés, des galeries soutenues par des colonnes torses. Sous l'une de ces galeries était une espèce de retraite, indiquée par une longue banquette couverte en drap écarlate, où le dey se tenait quelquefois. C'est dans cette cour que les négociants étaient obligés de venir déposer la cargaison de leurs navires, pour que le dey choisît, lui-même, le 5, le 6 ou le 10 p. 100 qui lui convenait. Cette manière sauvage de lever l'impôt sur le commerce avait donné naissance à des amoncellements d'objets de toute espèce, entassés pêle-mêle, qui donnaient à ces lieux l'aspect du magasin d'un recéleur.

C'était encore sous cette galerie, et de plain-pied, que se trouvaient les salles renfermant le trésor.

Le premier étage se composait de quatre galeries; dans l'une de ces galeries était placé une espèce de palanquin, sous lequel le dey venait entendre la musique. Ce meuble bizarre était adossé à de petites chambres, où se trouvaient encore, après le départ du dey, quelques harnachements de chevaux.

L'une des faces du premier étage communiquait à une longue galerie qui commandait la ville, et aussi, par une espèce d'échelle de moulin, à une galerie supérieure, où venaient aboutir les quatre longues chambres, sans glaces ni tentures, mais blanchies à la chaux, dont se composait l'appartement du dey. Cette galerie supérieure conduisait par une porte, incroyablement basse, au quartier des femmes, composé de six petites pièces, et clos par de hautes murailles. Ces appartements n'obtenaient de jour que par une cour intérieure dont le sol était à la hauteur du premier étage.

D'un côté, cette triste demeure, qui réveillait dans l'esprit l'idée de l'aire d'un vautour, était appuyée par les canons qui commandaient la montagne dans la direction du château de l'empereur, et, de l'autre, c'est-à-dire du côté de la cour principale, par une épaisse muraille. Dans quelques-unes des chambres on avait pratiqué, sans doute pour satisfaire la timide curiosité des femmes, des espèces de meurtrières longues et étroites, dirigées diagonalement, et à travers lesquelles leur œil pouvait interroger un espace restreint de la galerie supérieure où le dey, seul objet de leurs regards, comme il devait être le seul objet de leurs pensées, venait quelquefois se délasser. Dans le voisinage de l'appartement des femmes, morne cloître imaginé par l'austère jalousie de l'Orient, et que ne vivifiait point l'amour de Dieu, se trouvait un espace décoré du nom de jardin, et dans lequel on ne parvenait, après avoir traversé une sorte de chemin contourné en labyrinthe, qu'en descendant soixante à quatre-vingts degrés. Ce jardin, comme enterré entre de hautes murailles d'une blancheur éblouissante, et présentant pour tout ombrage un long berceau de jasmin, était le seul lieu dont l'accès fût permis aux femmes.

(*Précis historique et administratif de la campagne d'Afrique*, par le baron Denniée, intendant en chef de l'armée, 1830.)

La Casbah aujourd'hui. — *Les personnes qui désirent visiter l'intérieur du palais des deys doivent se munir de l'autorisation du colonel directeur du Génie, et la présenter ensuite au casernier qui leur servira de guide.*

Enceinte de la Casbah. — Depuis l'occupation française, nous avons assez profondément modifié le tracé de 1830. La forme triangulaire a disparu ; le saillant est devenu la *caserne d'Orléans* à trois pavillons, et le dernier tournant de la rampe Valée a éventré cette masse de constructions irrégulières, en respectant cependant la partie la plus intéressante au point de vue historique.

Les deux faces N. et E. de l'enceinte sont en parfait état de conservation ; il faut, pour les bien examiner, atteindre l'emplacement occupé autrefois par la *Porte-Neuve*, qui se trouve exactement à l'extrémité de la rue qui porte son nom ; remonter ensuite la *rampe de la Casbah*, ou prendre à droite la *rue de la Victoire*, qui est à peu près parallèle à la gorge de la vieille forteresse, dégagée complètement du fouillis des constructions qui l'encombraient, il y a quelques années. Ce sont de hautes murailles, percées de créneaux et de lucarnes, placés sans symétrie ; la crête est découpée en larges embrasures, surtout dans la face qui regarde la ville et le port. La partie la plus curieuse est le pavillon qui surmonte la vieille porte d'entrée ; il se trouve à droite de la rampe Valée, en face de l'*église Sainte-Croix*.

La porte est en bois, recouvert de plaques de tôle ; en avant, une chaîne à trois branches dessine une ancre dont la tige est fixée au haut de l'entrée ; des janissaires et, en dernier lieu, des nègres en gardaient les abords ; mais quand un plaignant ou un criminel parvenait à saisir un des chaînons, il obtenait immédiatement une audience du dey*. Les murs adjacents à droite, qui correspondent aux anciens appartements du dey, présentent un double étage de fenêtres à grillage bombé. La terrasse, qui couvre le pavillon, est encore garnie d'une galerie en bois ; c'est sur cette plate-forme et exactement au-dessus de la porte, que l'on hissait, le jour, le drapeau de la régence, la nuit, une immense lanterne ; le porte-hampe en fer est encore debout.

---

* Je dois la communication de ce détail, et de bien d'autres disséminés dans l'ouvrage, à l'érudition très obligeante de M. Féraud, ancien interprète principal de l'armée, actuellement ministre plénipotentiaire de France au Maroc, dont les travaux sont bien connus de ceux qui s'occupent d'histoire algérienne.

Intérieur de la Casbah. — La vieille porte est condamnée ; on pénètre aujourd'hui par une entrée pratiquée pour les besoins de la caserne d'artillerie. On tourne à droite et l'on ne tarde pas à atteindre la *cour intérieure* (*cour du Divan*), décrite plus haut par M. l'intendant Denniée, et dont la disposition est encore la même. Les salles voûtées, ayant contenu le trésor de la Régence, s'élevant, en 1830, à quarante-huit millions de francs (qui ont fait *intégralement* retour au Trésor français), sont encore intactes, masquées par la *salle d'escrime* d'artillerie. L'audience pendant laquelle le consul français a été frappé d'un coup de chasse-mouches s'est passée au deuxième étage des galeries, dans la partie formant *veranda*, et d'où la vue s'étend sur les collines de Mustapha. Une sorte de kiosque vitré, qui est à la même hauteur à l'angle N., servait à l'orchestre les jours de gala.

Le jardin des femmes du dey, dont les murs ont disparu, sert aujourd'hui de gymnase à la troupe et est ombragé par de beaux platanes.

La *mosquée du dey* est située vis-à-vis la porte d'entrée de la caserne. Cette mosquée est certainement la plus gracieuse, la plus régulièrement belle d'Alger. Il est très regrettable qu'elle ne soit pas classée comme *monument historique*, à préserver de toute profanation ; elle pourrait être, ainsi que la résidence des anciens deys, facilement isolée du reste des bâtiments militaires. Cette demande a déjà été formulée, et même, paraît-il, acceptée en *principe*, mais... ne nous réjouissons pas encore !

Quoi qu'il en soit, la mosquée forme un carré de 20 mètres de côté environ. La voûte, à base circulaire, dont le dôme dessine huit secteurs réguliers, repose sur quatre rangées de colonnes en marbre blanc, lisses ou cannelées, à gracieux chapiteaux. Aux angles, ces colonnes sont réunies par groupes de quatre, et par groupes de deux dans les intervalles. Une galerie fait le tour de trois faces de l'édifice. Sur la quatrième devait se trouver le *minbar*, qui a disparu, ainsi que les splendides faïences qui décoraient, il y a vingt ans encore, les bas-côtés de la mosquée. *Cent vingt artilleurs logent dans ce monument, rare chef-d'œuvre d'architecture arabe !*

De tout côté, dans l'enceinte de la Casbah, on retrouve de belles fontaines en marbre, des portes richement sculptées, des colonnes..., etc. Il y a là matière à une monographie complète et fort intéressante, qui tentera la *Revue africaine*, quelque jour.

Réunion des officiers à Alger, *rue Médée*. — Grâce aux subventions du ministre de la guerre, aux dons de la municipalité d'Alger et à leur cotisation personnelle, les officiers de la garnison d'Alger possèdent un lieu de réunion, destiné, d'une part, à faciliter l'étude et le travail, et, d'autre part, à améliorer les conditions matérielles de leur existence. La satisfaction de ces deux besoins a amené la construction de deux établissements contigus, l'*Académie militaire*, et le *Casino* (hôtel et café).

Nous trouvons dans la *Revue africaine* les renseignements suivants sur les casernes de janissaires de la rue Médée :

La plus élevée s'appelait *El-Kedima*, parce qu'elle était la plus ancienne des deux, ou *El-Fokania*, à cause de sa situation par rapport à l'autre. On avait surnommé les janissaires de cette caserne : *Daïlaren*, gens de bien. On remarquait sous son porche un canon, un vaisseau et de grandes côtes (déposées aujourd'hui au musée d'Alger). La tradition attribuait à des géants païens les côtes en question, qui appartenaient par le fait à des cétacés.

Des chaînes pendaient devant la porte; si un criminel, à la recherche d'un asile, ne pouvait pénétrer jusque dans la caserne, il saisissait une de ces chaînes en disant : *Cher'a'llah ya Soultan* (Sultan, rends-moi la justice au nom de Dieu), et il était sauvé.

L'autre caserne de la rue Médée se nommait *djedida*, parce qu'elle était nouvelle, par rapport à l'autre, ou *thatania*, inférieure. On appelait les janissaires qui y étaient casernés : *Jeteurs de balles d'argent*, parce qu'ils tiraient souvent à la cible au marché aux charbons, qui existait sur une élévation qu'on a rasée pour bâtir le théâtre ; leur adresse toute particulière leur valait des récompenses, et c'est ainsi que, pour eux, les balles de plomb se changeaient en argent.

La première de ces deux casernes est occupée aujourd'hui par l'*Académie militaire*, et a été l'objet, de la part du génie militaire, d'une restauration aussi artistique que bien appropriée à sa nouvelle destination.

A droite de la porte d'entrée, salle de *conférences*, vaste, bien éclairée. La cour intérieure a été transformée en jardin, au milieu duquel on retrouve une gracieuse fontaine à colonnettes torses, descendue de la Casbah ; cette cour est entourée d'arcades, sous lesquelles s'ouvrent les salles d'*escrime*, *de boxe*, etc...; le *fumoir* communique avec une véranda d'où l'on aperçoit la magnifique rade d'Alger, au-dessus des bambous du square de la République. Au premier étage entouré d'une galerie, sont installés : la *bibliothèque*, comprenant aujourd'hui (?) près de 5,000 volumes ; de vastes salles *de lecture*, des *laboratoires de physique et de chimie*, des salles spéciales destinées à l'étude de la *topographie*, etc., etc. Le général Chanzy et le général Wolff ont été les principaux promoteurs de l'œuvre de la réunion, qu'ils ont inaugurée le 26 juin 1875.

ARSENAL D'ARTILLERIE. — *Fort des Vingt-Quatre Heures; le Vén. Géronimo.* — L'arsenal d'artillerie occupe aujourd'hui l'extrémité N.-O. de l'esplanade Bab-el-Oued, emplacement occupé en partie, autrefois, par le fort dit des Vingt-Quatre-Heures. La place qui précède l'entrée était une nécropole de tous les cultes et de toutes les conditions; nous la voyons, en effet, successivement désignée sur les cartes comme cimetière de deys (*sepulchra regum*), comme cimetière chrétien et comme cimetière musulman.

En 1832, on procéda au déblaiement des tombes sans grand respect pour les ossements et pour les stèles gravées, s'il en faut croire des témoins oculaires (*E. Pelissier*); on ne conserva guère alors que *cinq tombeaux de deys*, dont l'emplacement figure encore sur une carte de 1833, et dont M. Shaler nous a laissé l'histoire, dans une page caractéristique des mœurs turques.

Quoique l'élection du dey, dit-il, par le principe des institutions de la Régence, appartienne au divan, elle est pour l'ordinaire le résultat des intrigues d'une faction dominante parmi les janissaires, et presque toujours une sanglante tragédie. Un dey est égorgé pour faire place à un nouvel aventurier plus heureux que lui. Ses amis et ses partisans sont tués, pillés ou bannis, et tout cela interrompt, tout au plus pendant vingt-quatre heures, le calme ordinaire des affaires publiques. Ces révolutions se succèdent avec une telle rapidité, qu'on a peine à y croire, quand on ne connaît pas les mœurs et le caractère atroce des Turcs. Un dey d'Alger est, de son vivant, le monarque le plus absolu et le mieux obéi du monde ; mais son règne est toujours précaire, et pour lui une mort naturelle est un accident. Un Turc est-il une fois enrôlé dans le corps des janissaires, n'importe ce qu'il est, il peut prétendre à la souveraineté, excepté qu'il ne soit natif de Bosnie ou de Crète ; il est janissaire : voilà ses titres et ses qualités, et souvent la fortune s'est plu à tirer de l'obscurité les êtres les plus bas et les plus abjects, pour les placer sur le trône.

On montre encore les tombeaux de *sept* aventuriers proclamés souverains et tués le même jour.

Comme marque de mépris, ils furent enterrés sur le grand chemin. Celui qui est élu ne peut ni refuser ni résigner l'honneur de gouverneur d'Alger ; pour lui, il n'est que deux places, le trône ou le tombeau.

(*Esquisse de l'État d'Alger*, par W. Shaler, consul général des États-Unis à Alger.)

Ces tombeaux ont aujourd'hui disparu sans laisser de trace; ils se trouvaient exactement sur l'emplacement de la porte d'entrée médiane, percée dans le mur qui ferme l'arsenal à l'E.

Le fort appelé par les Européens *fort des Vingt-Quatre Heures* occupait le milieu de la grande cour de l'arsenal; il avait été commencé par Mohammed-Pacha, vers le milieu du XVIe siècle, e achevé par El-Euldj-Ali *dit* Fortas (*le teigneux*), son successeur, qui lui donna longtemps son nom. Il était connu, en 1830, sous celui de *Bordj Setti-Takellit* (fort de Notre-Dame-la-Négresse); ce fort bâti sur le roc était de forme quadrangulaire et trois de ses faces étaient percées d'embrasures.

C'est en procédant à sa démolition, que l'on découvrit, le 27 décembre 1853, le squelette de *Géronimo*, connu sous le nom de martyr du fort des Vingt-Quatre Heures. Grâce à l'étude de l'ouvrage d'Haedo : *Topographia de Argel*, M. Berbrugger avait, quelques années auparavant, annoncé la présence probable des ossements du martyr, à l'endroit où ils ont été mis au jour.

Géronimo était un jeune Arabe, enlevé dans

une razzia par la garnison espagnole d'Oran, et que son maître, vicaire général de cette ville, avait baptisé et élevé dans la religion catholique; quelques années après, il s'enfuit chez ses parents et reprit auprès d'eux la religion musulmane. Mais, touché de nouveau par la grâce, il revient chez son ancien maître à Oran, et, dans l'ardeur de sa foi catholique, s'embarque pour aller combattre les corsaires algériens. Fait prisonnier et conduit à Alger, il refuse d'apostasier: les menaces de mort ne font qu'exalter son courage. Le pacha El-Euldj-Ali, alors occupé de la construction du fort, ne pouvant vaincre sa résistance, le fait jeter dans une caisse destinée à couler des blocs de pisé, et l'y fait enterrer vivant.

Le bloc de pisé se trouve actuellement à la cathédrale; le moulage du corps, d'après l'empreinte laissée dans la maçonnerie, se voit dans une des salles de la bibliothèque-musée, au rez-de-chaussée.

ENVIRONS D'ALGER

*Dans notre description des environs d'Alger, nous avons, uniquement pour la clarté de l'exposition, choisi une série d'*EXCURSIONS*, auxquelles se rattachent naturellement les localités qui nous paraissent dignes d'une visite. Chaque itinéraire part d'Alger et y revient. Nous donnons, après chacun d'eux, sous le titre de* PROMENADES*, des notes sur les points situés en dedans du cercle décrit.*

Les excursions et les promenades peuvent être faites en voiture, sauf quelques exceptions que nous mentionnons. Le touriste pourra, du reste, modifier à son gré notre itinéraire, brouiller nos combinaisons, et se laisser guider par sa fantaisie.

(c'est même le conseil que nous lui donnons); un *Index alphabétique* et la *Carte* jointe à l'ouvrage lui permettront de retrouver, quand il le voudra, le renseignement qui pourra lui être utile.

N. B. — C'est d'Alger, INVARIABLEMENT, *que partent les distances indiquées.*

Le chiffre de la population comprend les populations européenne et indigène.

PREMIÈRE EXCURSION

SAINT-EUGÈNE, STAOUELI, SIDI-FERRUCH, CHÉRAGAS, EL-BIAR

Après avoir franchi la fortification par la porte Bab-el-Oued, vous prenez à dr. la *route Malakoff*, qui côtoie la mer d'Alger à Tipaza.

Descendez à pied dans le fossé de l'enceinte, qui conduit, à dr., à une plage bien connue des amateurs de bains de mer. De ce côté, et à l'angle de la courtine qui traverse la route, se trouve, à quatre mètres de hauteur, clouée au mur d'escarpe, une *plaque en marbre blanc*, indiquant la sépulture d'un grand rabbin vénéré, venu d'Espagne, et dont l'arrivée à Alger est le sujet d'une légende fort répandue.

Au xɪvᵉ siècle, après l'expulsion des Arabes d'Espagne, les Juifs, que ceux-ci avaient protégés, devinrent l'objet d'incessantes persécutions. Le grand rabbin *Ben Simah Durand* ou *Simon Durand* fut jeté en prison avec les chefs des principales familles juives d'Espagne, et condamné à mort. La veille du jour de l'exécution, pendant que tous se désolaient, la figure du grand rabbin s'illumina tout à coup ; ses yeux se remplirent de feu et un rayon de lumière brilla au-dessus de sa tête : il prit un morceau de charbon, dessina un navire sur la muraille de sa prison, et se tournant ensuite vers ses compagnons : « *Que tous ceux qui croient en la Toute-Puissance de Dieu*, leur dit-il, *et qui veulent sortir de cette prison, à l'instant, mettent avec moi le doigt sur ce vaisseau.* » Tous, excepté un autre rabbin, *Ben Kaoua*, obéirent. Aussitôt, le navire dessiné devint un navire véritable qui emporta les Israélites vers la rade d'Alger.

Ben Kaoua, à son tour, dessina, avec le même morceau de charbon, un lion sur le dos duquel il monta et qui le conduisit à Mostaganem.

Ben Simah Durand est l'ancêtre de la famille *Durand*, dont le nom est devenu historique par les faits qui ont motivé notre conquête.

En face de cette sépulture, sur les glacis de

l'enceinte, se trouve une modeste chapelle israélite qui recouvre les restes d'un autre rabbin célèbre, *Isaac Barchichat*, venu également d'Espagne, et mort à Alger en 1408, antérieurement à l'arrivée du personnage dont nous avons raconté la miraculeuse traversée.

La présence de ces deux tombeaux tendrait à faire supposer qu'un cimetière israélite faisait suite, vers l'O., au cimetière arabe de l'esplanade Bab-el-Oued. La découverte de sarcophages romains, sur l'emplacement du lycée actuel et dans le jardin Marengo; les nombreuses sépultures juives, probablement assez récentes, que l'on peut voir sur le chemin du Frais-Vallon, dans la Cité-Bugeaud; le cimetière arabe et turc, situé au débouché du ravin de Bir-Traria, permettent de conclure qu'à toutes les époques, jusqu'en 1830, le versant N.-O. de la colline, sur laquelle *Icosium*, *Mezarhanna*, *El-Djezaïr* se sont succédé, a été la nécropole des diverses populations.

La chaussée de la route Malakoff est défendue contre la mer, qui la recouvre néanmoins quelquefois, par une rangée de blocs énormes; à g., des cabarets, des maisons d'assez triste aspect. Cent mètres au delà du pont jeté sur l'Oued-el-Mr'asel, de vieux bâtiments, de construction turque, occupés aujourd'hui par les *lits militaires,* une *caserne* et les *Sœurs de Saint-Vincent de Paul,* sont connus sous le nom de *Salpêtrière.*

Ils étaient affectés autrefois à la poudrerie turque (*Dar el-Baroud*), construite sur les plans d'un architecte suédois. Les détails de son installation sont inconnus, quoiqu'elle n'ait été terminée qu'en 1812. Nous savons seulement que son achèvement causa aux Algériens une joie orgueilleuse, dont l'inscription placée au-dessus de la porte d'entrée a conservé le souvenir ; nous en donnons la traduction d'après Bresnier :

Qu'Alger se réjouisse, qu'il se livre sans relâche aux transports de l'allégresse; une poudrerie est actuellement établie (grâces en soient rendues à Dieu!) pour obvier en toutes circonstances aux nécessités impérieuses.

Des soins laborieux et constants ont effectué l'édification de la totalité de ce monument.

Ce don de Dieu, El-Hadj Ali pacha, Amaciali (*d'Amasie, en Anatolie*), le bâtit pour combattre les ennemis de la foi, en suivant la voie du Seigneur.

Soldats de l'Islamisme, chargez vos armes de cette poudre tonnante! Feu sur les infidèles! Assouvissez sur eux votre vengeance. Alevi (*l'auteur de ces vers turcs*) vous y invite ouvertement.

La date de cet édifice est mil huit cent trente, où

il fut achevé et payé des deniers du Trésor. Année 1230 (1812).

La route remonte ensuite légèrement ; quelques enseignes funéraires, un long mur nu qui s'élève à g. de la route, font pressentir la proximité des cimetières d'Alger.

Cimetière catholique. C'est là que reposent beaucoup des soldats et des pionniers de la première heure, sous cette terre que leurs bras ont arrachée au barbare despotisme des Turcs et vivifiée par leur travail ; c'est là qu'est l'affection d'hier, souvenir encore douloureux aujourd'hui ! Des arbres toujours verts égayent un peu de leur ombrage l'aspect triste des rangées déjà nombreuses de tombes de marbre blanc.

Le Cimetière israélite vient ensuite. Il est de ton plus sévère, et présente à l'œil des dalles massives, presque cubiques, sans l'ombrage d'un seul arbre ou le parfum d'une fleur.

Bientôt après le paysage change ; les murs qui dérobaient aux yeux le champ du dernier repos se couronnent d'élégantes balustrades ; les villas entourées de jardins bordent la route, et de la tristesse calme nous passons, presque sans transition, au village le plus bruyant peut-être des environs d'Alger.

3 kil. Saint-Eugène (3,418 habitants) est situé au pied de la Bouzaréa. De nombreuses maisons de campagne sont bâties à dr. et à g. de la route et vers le bord de la mer. Un splendide groupe scolaire y a été construit en 1887. C'est le point de départ d'une nuée de corricolos et de *tramways*; ils servent de moyen de communication constante avec Alger, aux petits négociants qui viennent se reposer, chaque soir, du souci de leurs affaires; aux israélites, qui ont depuis longtemps envahi le plus grand nombre de maisons; à la population ouvrière, qui s'éparpille ensuite dans les guinguettes ombragées.

En marchant vers la Pointe-Pescade, les villas deviennent plus élégantes, et quelques-unes bâties en style mauresque, ornées d'arcades reluisantes de faïences bleues et blanches, sont d'un aspect très pittoresque. Le rivage de la mer, très dentelé, se hérisse de débris de roches; à g., les pentes de la Bouzaréa, quelquefois profondément ravinées, se couvrent d'une maigre végétation de lentisques, de chênes-kermès, d'arbousiers; un contrefort abrupte, terminé en falaise, et dont le sommet est couvert des ruines d'anciennes fortifications turques, vient couper brusquement la route; la poudre a dû l'entailler dans le roc. A l'O. de cette falaise, une plage arrondie

(*Mers-ed-Debban*, le Port des Mouches) servait autrefois de refuge aux pirates, et offre encore un abri aux bateaux de pêche.

En face de cette plage,

6 kil. **Pointe-Pescade**; c'est le rendez-vous de la société jeune et joyeuse d'Alger, qui vient s'ébattre sous les charmilles et savourer la *bouillabaisse* du *Restaurant Dominguez*.

Au delà de ce point, les maisons de campagne deviennent assez rares; la mer d'un côté, de l'autre les pentes du Sahel ne laissent que peu de place aux cultures.

9 kil. L'Administration des forêts reboise cette région; de belles plantations d'eucalyptus et de pins entourent la maison forestière de *Baïnem*. La compagnie des soldats-planteurs avait fait, croyons-nous, les premiers travaux de défrichement.

10 kil. Le **Phare du cap Caxine** (1re classe, 27 milles de portée, 64 mètres au-dessus de la mer) sert de guide aux vaisseaux venant d'Espagne ou du détroit de Gibraltar.

A partir du Phare, la vigne fait son apparition; elle remplace la broussaille et prend d'assaut les collines; le vin qu'elle produit commence à se faire une renommée. Les pressoirs et les caves s'installent, le cépage vigoureux donnera des qualités que la nature du terrain permet d'espérer. Nous reviendrons bientôt sur ce produit agricole de l'Algérie, destiné à être, un jour, la branche la plus productive des richesses de notre colonie.

13 kil. 200. **Grotte préhistorique du Grand-Rocher**, découverte et fouillée par divers membres de la Société de Climatologie d'Alger. On y parvient en suivant, à g., un sentier assez raide, grimpant le long d'un contrefort abrupte du Sahel. Elle se compose d'un couloir de dix mètres de long environ, d'accès assez facile, et de deux chambres, de cinq à six mètres de diamètre, dont la première est éclairée par un soupirail naturel; les parois sont taillées dans un calcaire assez fin; le sol est de sable marin. Les objets découverts, tels que *celts*, *aiguisoirs*, aiguilles en os et ossements de divers animaux disparus, se rapportant aux premiers âges de l'humanité, font partie aujourd'hui du musée de la Société de Climatologie d'Alger. Quelques objets d'origine romaine font supposer qu'à cette première occupation de l'homme préhistorique, a succédé une habitation

plus récente de cette même grotte, peut-être des *Donatistes* persécutés ?

15 kil. Guyotville (1,412 habitants). Aujourd'hui un des beaux villages d'Algérie; les habitants y font des récoltes magnifiques.

Excursion aux dolmens du plateau de Beni-Messous. Cette excursion peut être faite à pied et sans guide. Traversez le village de Guyotville, en marchant vers l'église, atteignez le plateau qui le domine et dirigez-vous à travers champs vers le S.-O.; vous ne tardez pas à vous rapprocher de la ferme *Sauné*, située à 2 kil. environ. Les tombeaux les plus rapprochés apparaissent au milieu de la vigne attenante à la ferme.

La nécropole celtique comprend une centaine de tombeaux du type *dolmen*, si commun en Bretagne et dont la présence est aujourd'hui constatée sur presque toutes les régions du globe. Nous laissons aux ethnographes le soin d'examiner quelle race d'hommes les a élevés. M. Berbrugger a constaté, un des premiers, la présence de ces dolmens qu'il a fait classer comme *monuments historiques* à conserver; ils ont été examinés et fouillés par les docteurs Bourjot et Bertherand, dont on pourra consulter les notices à ce sujet.

Le site choisi par ces races primitives pour le repos de leurs morts est admirable ; il est traversé par un ravin assez profond, arrosé par une source abondante, autour de laquelle la vigne sauvage forme un berceau de verdure. Placé sur le versant N., on aperçoit, à l'E., la pointe de Sidi-Ferruch, et plus au loin la cime du Chennoua, derrière laquelle se cache Cherchell ; puis, en tournant ses regards vers le S., ces belles collines sur lesquelles sont situés *Staouéli*, les *Ouled-Fayet, Chéragas*... Au N., la mer bleue aux horizons infinis.

Après Guyotville, la route quitte le bord de la mer et traverse un pays assez plat, légèrement sablonneux, que la vigne couvre presque entièrement ; à droite, de hautes dunes de sable jaune, parsemées de bouquets de lentisques, forment un bourrelet de dix mètres d'élévation moyenne, qui masque le rivage ; c'est le pays du lapin, il y pullule et fournit au chasseur l'occasion de nombreux coups de fusil. La plage abritée des vents d'E. et du N. est très poissonneuse ; quelques amateurs passionnés d'Alger y ont installé des *rendez-vous de pêche*, fort coquets, en vue de la pêche *au feu*, si riche en émotions.

21 kil. **Staouéli** (203 habitants), village om-

bragé d'arbres, un peu étouffé entre les dunes et le domaine de la Trappe; beaucoup de vignes parsemées de figuiers lui assurent néanmoins une certaine prospérité.

Un chemin vicinal conduit directement du village de Staouéli à Sidi-Ferruch; il est en assez mauvais état. Il vaut mieux rejoindre la grande route de Coléah, et, arrivé à hauteur d'une colonne qui marque l'embranchement, reprendre à droite le chemin de :

25 kil. **Sidi-Ferruch** (51 habitants). La presqu'île de Sidi-Ferruch, qui a donné son nom au village, est célèbre par le débarquement de l'armée française en 1830. C'était en ce moment une langue de sable, couverte de broussailles et de taillis, s'avançant d'une demi-lieue environ dans la mer; elle se relevait assez rapidement vers son extrémité N. formant un promontoire entouré de rochers fortement déchirés, et couronné par un plateau assez vaste, au milieu duquel s'élevait la *Torre chica* (petite tour), dominant la mosquée qui contenait le tombeau de *Sidi-Ferruch* et de son compagnon *Sidi-Roche*.

Sidi-Ferruch (ou Sidi-Ferredj) était un marabout vénéré, qu'un capitaine espagnol ou provençal, du nom de Rock ou Roche, enleva pendant son sommeil pour l'emmener prisonnier. A peine le saint homme eut-il les pieds sur le pont, que le navire, malgré toutes voiles mises dehors et un vent violent, garda l'immobilité la plus complète. Le capitaine épouvanté remit le marabout à terre ; mais comme celui-ci avait oublié ses babouches, le bateau refusa encore d'avancer. Frappé par ce double miracle, Roche se convertit à l'islamisme, vécut au service de Sidi-Ferruch, et, à sa mort, fut enterré à côté de lui.

Quelques années après notre occupation, au moment où les nécessités de la construction du nouveau fort amenèrent la destruction de la mosquée, le muphti Maléki d'Alger procéda à l'exhumation des restes du marabout et de son compagnon, dont le nom *Roche* est inscrit sur le procès-verbal; mais n'anticipons pas.

En 1830, les environs du marabout offraient quelques traces de culture ; il y avait des carrés de terre défrichés et semés d'orge et de maïs, d'autres qui ressemblaient à des espèces de jardins, où se trouvaient quelques figuiers, un ou deux abricotiers et quelques ceps de vigne, qui rampaient sur le sable, tout cela entouré de haies vives, de *raquettes* et d'*agaves*, dont la fleur s'élance majestueusement sur une tige d'une hauteur prodigieuse; le reste de la presqu'île était couvert d'une végétation touffue et tortillarde, au milieu de laquelle on remarquait, par ci par là, de grands lauriers-roses, des lentisques, des arbousiers et des myrtes sauvages ; au milieu s'élevait un superbe palmier, dont les feuilles et la tige, d'un beau vert foncé, se détachaient vigoureusement sur le ciel bleu de la côte d'Afrique.

La mosquée est bâtie au pied de la tour de Torre-Chica, et adossée au côté oriental de l'édifice. Elle se compose de quatre parties : un petit porche qui sert d'entrée, une première chapelle surmontée de deux petits dômes, une autre chapelle élevée de trois marches et couronnée par un seul dôme de forme mauresque, et un petit sanctuaire carré qui contient quelques reliques. Le tombeau du Santon est placé au milieu : c'est un mausolée modeste, sans ornements, recouvert d'une pierre tumulaire, à la manière des musulmans, sur laquelle sont gravés quelques versets du Koran ; le tout est entouré d'une petite balustrade de roseaux assez artistement rangés. Autour du tombeau étaient déposés quelques vases de cristal à dessins d'or, contenant des parfums de jasmin et de fleurs d'oranges. Les murs de la chapelle étaient couverts d'une grande quantité de fichus, de mouchoirs et de morceaux d'étoffes, de tissus de soie, de coton, et de brocart d'or et d'argent. C'était, à ce qu'on m'a assuré, les *ex-voto* des fidèles dont les prières avaient été exaucées. Cette mosquée, devenue célèbre, prit le nom du marabout de Sidi-Ferruch. (*Anecdotes historiques et politiques pour servir à l'histoire de la conquête d'Alger*,

1830, par J.-T. Merle, secrétaire particulier du comte de Bourmont.)

La flotte qui portait le corps expéditionnaire jeta l'ancre à l'O. de la presqu'île, le 14 juin; en moins de trois jours, et pendant que l'armée s'avançait vers Alger, le génie la mit en état de défense au moyen d'une ligne retranchée de plus de mille mètres de développement; une large et belle route fut tracée pour le service des convois et de l'artillerie à travers les taillis.

Le nouveau fort a été construit sur l'emplacement du marabout de Sidi-Ferruch. La porte d'entrée, ornée de trophées, porte l'inscription suivante :

ICI LE XIV JUIN MDCCCXXX
PAR ORDRE DU ROI CHARLES X
SOUS LE COM. DU G. DE BOURMONT,
L'ARMÉE FRANÇAISE
VINT ARBORER SES DRAPEAUX
RENDRE LA LIBERTÉ AUX MERS,
DONNER L'ALGÉRIE A LA FRANCE.

La caserne peut contenir 2000 hommes; un poste de douaniers et le service de la quarantaine d'Alger y ont été installés.

On peut visiter, à l'O. du fort, les ruines d'une

église dédiée à *saint Janvier*, débris de l'occupation romaine sur ce point.

Le village actuel, créé en 1844, est bâti sur le flanc E. de la presqu'île, ombragé par de beaux arbres. Les premiers colons furent des pêcheurs bretons, noyés bientôt dans le flot d'une population nomade, attirée par les travaux du *fort*.

De Sidi-Ferruch, on rejoint la route de Coléah, que l'on remonte à gauche vers Alger. Il y a quelques années à peine, le pays que nous traversons était couvert de palmiers nains et d'épaisses broussailles, refuge des sangliers. Des familles de travailleurs intrépides, des religieux se sont mis à l'œuvre et poursuivent le défrichement sans relâche. Les champs fertiles que nous admirons aujourd'hui disent assez ce que peut produire ce sol vierge dans des mains européennes.

17 kil. **La Trappe de Staouéli.** Cet établissement est situé sur l'emplacement d'un ancien camp, voisin du lieu où se livra la bataille qui suivit notre débarquement. La première pierre fut posée par l'évêque d'Alger, le 14 septembre 1843, sur un lit de boulets; le couvent a été plus tard érigé en abbaye de l'Ordre. Dans leur vaste domaine, les trappistes se sont principalement livrés à la culture des céréales, du géra-

nium et de la vigne. En dehors du monastère, ils ont installé une magnifique ferme, dont les écuries renferment les plus beaux échantillons des races de France; des greniers vastes, bien aérés; un atelier de distillerie pour l'essence de géranium; des caves garnies de foudres énormes, d'un appareil *Pasteur*, pour la conservation des vins, et d'un appareil destiné à distiller les vins de qualité inférieure.

Les vins produits sont généralement de bonne qualité; les vins blancs, secs ou de dessert, sont très agréables au goût, mais un peu casse-tête.

Les visiteurs de la Trappe sont invités par le Père, chargé de leur servir de guide, à un frugal repas, composé de laitages et de fruits délicieux. Un tronc, placé à l'entrée du monastère, vous permet de remercier, par une aumône, de cette aimable attention.

13 kil. Remarquez sur la gauche les koubbas de *Sidi Khralef* : c'est autour d'elles que se livra, le 24 juin 1830, le combat de ce nom, qui nous ouvrit définitivement la route d'Alger.

12 kil. Chéragas (2,586 habitants), village très disséminé; les maisons qui en forment le centre sont bien construites, entourées de jardins;

les rues sont bordées de beaux arbres, dont l'eau courante baigne les racines. Au milieu de la grande place, coule une fontaine que surmonte le buste du maréchal Pélissier.

Les premiers colons, originaires pour la plupart du Var, y ont importé la culture des plantes odoriférantes, et de nombreuses distilleries témoignent de la prospérité de cette culture. Chéragas est peut-être aussi le village auquel revient la priorité de l'industrie du crin végétal; plusieurs fabriques importantes y ont été installées; mais grâce à la marche du défrichement, elles devront, faute de matière première, émigrer bientôt vers le S. L'élevage des bestiaux y est favorisé par les nombreux coteaux boisés, où l'herbe croît en abondance, et on a utilisé les excellentes qualités du lait pour la fabrication de fromages qui, sous le nom de *brie de Chéragas*, sont fort appréciés des gourmets.

A partir de ce village le pays devient plus accidenté; la route, entourée d'oliviers, de haies de cactus, de quelques jeunes plantations d'eucalyptus, monte, descend au milieu de champs cultivés, parsemés de fermes arabes ou françaises. Laissons à gauche (7° kil.) la route de la Bouzaréa, à droite (6° kil.) la route de Douéra, et arrivons à :

5 kil. **El-Biar** (*les puits*), 2,597 habitants. Ce site enchanteur, peuplé de villas élégantes et de magnifiques maisons mauresques, est plutôt un vaste quartier de beaux jardins, qu'un village. La culture des légumes précoces et des fruits y donne de bons résultats. On y avait construit autrefois des *moulins à vent*, dont quelques tours sont encore debout; ils ont été détrônés depuis longtemps par les usines à vapeur.

Un couvent tenu par les Sœurs du *Bon-Pasteur* donne asile aux filles repenties.

D'El-Biar, la route descend rapidement vers Alger. Le panorama qui s'offre à vos regards embrasse en même temps les collines de Mustapha et les trois vallons dominés par Notre-Dame-d'Afrique; devant vous, les constructions modernes de la Casbah; sur la droite et dominant les lacets de la descente :

3 kil. 300. Le **Fort-l'Empereur**, ainsi appelé en souvenir de l'empereur Charles-Quint, qui, suivant une tradition probablement erronée, y planta sa tente, lors de la malheureuse expédition de 1541. Il y avait peut-être déjà en cet endroit une sorte de redoute, puisque les Espagnols y prirent quatre canons turcs; peut-être même aug-

mentèrent-ils la force de ce retranchement *. En tout cas, Hassen ben Kheir-ed-din, appréciant les avantages de cette position, y fit construire une

---

* Une légende fort intéressante se rattache à l'abandon, par l'armée espagnole, de la position sur laquelle est bâti aujourd'hui le fort l'Empereur. M. Mac-Carthy, qui nous l'a racontée, la tient de vieux Mozabites qui, sans avoir de relations entre eux, la lui ont dite tous de la même manière.

Le 25 octobre 1541, la ville d'Alger, attaquée par Charles-Quint, était aux abois, et déjà l'on parlait de reddition dans l'entourage du pacha Hassen, lorsque les principaux Mozabites demandèrent à être entendus. Introduits dans la salle du Conseil, ils promirent de délivrer la ville et de chasser les Espagnols, si on leur concédait à perpétuité le monopole de l'exploitation des bains maures et de la vente du charbon. Le marché fut conclu.

Les Mozabites réunirent un certain nombre de femmes arabes, et habillèrent quelques-uns des leurs de la même façon. Cette petite troupe se porta vers le *Coudiat-es-Saboun*, d'où l'artillerie commençait à écraser la ville; elle se présenta en suppliante au commandant des assiégeants, implorant sa pitié et sa protection, puisqu'Alger allait tomber en son pouvoir. Le commandant fit entrer ces faux fuyards dans la redoute; mais au moment où sa surveillance était distraite, ceux-ci se précipitèrent sur les artil-

tour en pierre (1545) qu'un de ses successeurs, Hussein-Pacha, entoura d'un mur bastionné (1580). En 1724, Peysonnel le décrit ainsi : « Ce château est situé sur une élévation ; c'est une grosse tour, bâtie de pierres de taille, entourée d'une muraille, avec quelques bastions irréguliers aux angles, bâtis de brique. » Il n'avait guère changé d'aspect en 1830.

Cette forteresse, assise sur le roc, avait la forme d'un rectangle dont les grands côtés me-

---

leurs et les massacrèrent. Ce fut le signal de la retraite de l'armée espagnole.

Cette circonstance ne se trouve relatée dans aucun écrit. Les Mozabites expliquent ce silence par la honte des Espagnols de s'être ainsi laissé surprendre, et par la morgue des Turcs qui ne voulurent point paraître devoir leur salut à des gens pour lesquels ils professaient en général le plus profond mépris.

Un fait indiscutable est le monopole des Mozabites, qui n'a cessé qu'à notre conquête ; en outre, le ruisseau qui descend du *fort l'Empereur* porte le nom de *Oued-Mozab*, peut-être en souvenir des libérateurs d'Alger. Il est fort possible aussi que la légende que nous avons racontée ait été forgée de toutes pièces par les intéressés, en vue de justifier un privilège qu'ils avaient probablement obtenu à prix d'argent.

suraient 150 mètres et les petits 100 mètres de largeur. Aux quatre angles s'élevaient des bastions peu spacieux et d'un tracé irrégulier. Une haute tour ronde, construite au centre de la plate-forme, dominait toute la forteresse, qui était armée de 120 bouches à feu.

Le 4 juillet 1830, le fort, bombardé par nos batteries, fut abandonné par les Turcs qui, en se retirant, firent sauter la tour ronde qui contenait la poudrière; nos troupes y entrèrent immédiatement après. Le génie la rétablit en son état primitif, en améliorant le casernement, aujourd'hui complètement inoccupé; une plantation de sapins l'entoure au S.-E.

La route, qui longe le fort l'Empereur à dr. et le ravin de Bir-Traria à g., rentre à Alger par la porte du Sahel.

PREMIÈRE PROMENADE

Bir-Traria, Frais-Vallon, vallon de Bouzaréa.

Le cirque immense dont l'arête supérieure, partant de Bab-el-Oued, suit les nouvelles fortifications, la rampe et le village d'El-Biar, le chemin de la Bouzaréa et la ligne des carrières, ce cirque, disons-nous, vient s'ouvrir un peu en aval de la *poudrière turque*, à hauteur de la cité Bugeaud. Deux arêtes se détachent de la crête et le partagent en trois vallons des plus abruptes et des plus pittoresques: le premier, en partant d'Alger, est celui de *Bir-Traria*, le deuxième le *Frais-Vallon*, le troisième le *vallon de la Bouzaréa*.

Bir-Traria est complètement délaissé par les grandes routes. Le Frais-Vallon est longé par une route carrossable, assez courte, qui finit brusquement au *Café maure*, c'est-à-dire à mi-côte. Pour les bien visiter tous deux, il faut sortir d'Alger à pied, par la porte du Sahel, en avant de la Casbah, et prendre ensuite à dr. le premier chemin qui s'offre à vous. Ce chemin, ombragé d'oliviers, coupe le ravin de Bir-Traria à la hauteur de la *Fontaine du Dey*, qui jaillit sous des trembles et des vignes grimpantes, à l'ombre desquels est installé un modeste cabaret. Cette fontaine, une des plus fraîches des environs d'Alger, est celle où un janissaire à cheval venait, à l'heure des repas du dey, puiser une *solta* (vase) d'eau glacée et savoureuse destinée à son repas.

Le chemin remonte et ne tarde pas à atteindre l'arête qui sépare Bir-Traria du Frais-Vallon; on peut embrasser les deux ravins du regard. Çà et là on devine une villa cachée dans un berceau de verdure, et l'on n'est troublé, dans sa muette comtemplation, que par le bruissement des feuilles ou le chant des oiseaux. Ce site calme, ombreux, me fait penser aux vers inédits d'un ami, que j'abritai longtemps sous ma tente de touriste vagabond, et qui inscrivit, le jour des adieux, quelques strophes sur mon album. Ecoutez parler le dieu malin:

> C'est moi qui suis sous la feuillée,
> En chassant le soupçon loin d'eux,
> Les couples, et leur dis l'allée
> Où l'on ne peut passer qu'à deux !

Pour terminer votre promenade, vous pouvez, à votre choix, gagner El-Biar en suivant, à g., un chemin assez large et très pittoresque, ou bien, à dr., par un sentier que les branches d'oliviers et les lentisques masquent à moitié, redescendre le versant E. du Frais-Vallon. Vous ne tarderez pas à rejoindre la route carrossable, à hauteur de la poudrière turque, devant laquelle se promène gravement une sentinelle. Prenez à dr. pour rentrer à Alger. Le groupe de maisons que vous laissez bientôt sur votre gauche porte le nom de *Climat de France,* parce que la température, assez fraîche, rappela à ceux qui s'y installèrent les premiers celle de la mère-patrie.

Un restaurant (*Robinson*) peut offrir aux promeneurs un repas assez simple que le site et la promenade font trouver excellent.

Le vallon de la Bouzaréa est complètement traversé par un chemin direct d'Alger au village de la Bouzaréa, parfaitement accessible aux voitures. Est-ce à cette circonstance qu'il doit de nous paraître moins original, moins digne des promeneurs...? N'importe ; ceux qui veulent le visiter doivent sortir par la porte Bab-el-Oued, et prendre à g. pour atteindre :

1 kil. **La Cité Bugeaud**, faubourg assez mal dessiné, mal construit, à cheval sur l'Oued-el-Mr'asel (*rivière des blanchisseuses*), formé par la réunion des eaux des trois vallons. L'industrie a essayé d'y installer quelques usines, qui paraissent aujourd'hui dans un état peu prospère. Il abrite une population espagnole, occupée en grande partie aux travaux des carrières, que l'on aperçoit rongeant les flancs de la Bouzaréa ; c'est de là qu'Alger et son port sont sortis. Une colonne qui les domine rappelle un affreux accident qui jeta la consternation dans la population de la ville. Le 4 mai 1850, les entrepreneurs

du port l'avaient conviée à venir voir l'effet produit par l'explosion de deux fourneaux de mine, chargés chacun de 2,000 kilogrammes de poudre. Plusieurs milliers de personnes s'étaient rendues à cet appel. La résistance des couches rocheuses fut probablement moindre que l'on ne l'avait calculé ; au moment de l'explosion, des blocs et des éclats de pierre furent projetés à des distances considérables, tuèrent huit personnes et en blessèrent environ une vingtaine.

Quittons ce souvenir lugubre et suivons la route, très fatiguée par les charrois, qui suit le pied de la Bouzaréa et grimpe vers le village qui a pris son nom. Des troupeaux de chèvres, aux mamelles gonflées, sont accrochés aux maigres pentes de la montagne ; ils viennent, le matin, à l'aube, alimenter Alger de lait. A dr., la montagne aux entailles grises ou bleuâtres, à g., de rares villas arabes perdues dans les bouquets d'arbres ; quand on arrive à mi-côte, le vallon s'élargit et la route décrit de nombreux lacets sur l'un ou l'autre versant.

Un amas de constructions arabes percées de fenêtres françaises signale au loin l'*Hospice des vieillards*, si proprement tenu par les *Petites Sœurs des pauvres*, dont le dévouement est au-dessus de tout éloge. C'est la charité publique qui entretient les *quatre-vingt-dix* vieillards européens, qui y sont soignés. Grâce à l'ordre et à l'économie des bonnes Sœurs, rien ne manque jamais à leur bien-être, à la propreté de leurs vêtements et des chambres.

La route continue à s'élever, variant à chaque zig-zag son horizon, son paysage. Il y a de délicieuses échappées sur la Mitidja, sur El-Biar, et les collines de Mustapha, qui font pressentir les splendeurs du panorama de la Bouzaréa.

DEUXIÈME PROMENADE

Notre-Dame d'Afrique, la Vallée des Consuls, la Bouzaréa.

On peut faire cette promenade de diverses manières: monter à la Bouzaréa par Notre-Dame d'Afrique et la Vallée des Consuls, en suivant la grande route, redescendre par El-Biar *et inversement;* ou bien arriver à la Bouzaréa directement (voir page 154) et revenir ensuite, par Notre-Dame d'Afrique, à Saint-Eugène ou à la Pointe-Pescade, en suivant un des nombreux sentiers qui y conduisent. Nous adoptons le premier itinéraire qui nous permet de voir chaque paysage avec l'horizon qui lui convient.

Sortons par Bab-el-Oued, laissant à dr. la route Malakoff, et plus loin à g. les chemins du Frais-Vallon et de la Bouzaréa. Nous ne tardons pas à découvrir, au-dessous d'un pavillon mauresque, l'entrée de :

L'Hôpital militaire du Dey. Les renseignements authentiques sur les anciens bâtiments qui couvraient l'emplacement actuel sont à peu près nuls. Nous avons cherché à suppléer cette regrettable absence, en recueillant des souvenirs arabes dont nous ne donnons (et encore sous toutes réserves) que la partie qui nous a paru la plus acceptable.

Une carte antérieure à 1571 désigne déjà, sous le nom de Jardin royal (*hortus regius*), un pâté de maisons entourées de jardins, situé en cet endroit, ce qui prouve leur antique affectation à la résidence des souverains d'Alger. Cet ensemble de constructions dessinait un vaste parallélogramme qui débordait légèrement, surtout au S.-O., les limites actuelles, et qu'entourait un chemin de ronde. Un *poste de janissaires* (aujourd'hui logement de garde du génie) était établi sur la face O. Au centre s'élevaient deux bâtiments, dont l'un, encore debout, est affecté au service des officiers, et l'autre, situé à l'O. de celui-ci, a disparu en 1850, pour faire place à un pavillon de malades. Jusqu'à cette date, il servait de logement au chirurgien en chef de l'armée d'Afrique.

Sur le côté E. de l'enceinte, on remarquait deux pavillons, celui qui surmonte la porte d'entrée, et un autre situé plus au S.-O., démoli aujourd'hui. On a trouvé, dans la cour intérieure de ce dernier, une plaque servant de revêtement à une fontaine, qui est le plus bel échantillon de marbre incrusté que nous ayons jamais admiré en Algérie. Il se trouve aujourd'hui dans les bureaux du génie de l'hôpital; il est surtout remarquable par le gracieux des moulures et l'agencement des divers marbres, qui présentent huit ou dix variétés de nuances.

Sur le côté S., dans la partie traversée par le chemin de Notre-Dame d'Afrique, se trouvait la *ménagerie du dey*, dont on pouvait voir encore, en 1850, les grilles à demi rongées par la rouille.

En 1831, le jardin du dey fut donné au duc de Rovigo, alors commandant en chef, comme résidence d'été; mais il ne tarda pas à le céder pour l'installation de l'hôpital, composé primitivement de grandes baraques en bois, dont le nombre fut progressivement augmenté. Elles servent aujourd'hui de lingerie et d'ateliers de réparation. En 1852 commença la construction du premier pavillon en maçonnerie. On continue, depuis, les travaux sans relâche, afin de doter l'armée d'Afrique d'un hôpital qui puisse répondre à tous ses besoins normaux, et aussi aux exigences qu'une épidémie pourrait faire naître.

L'hôpital actuel couvre une superficie de douze hectares et permet réglementairement de recevoir cinq cents malades; mais ce chiffre pourrait être aisément dépassé, sans que l'agglomération devînt nuisible à la santé. Chaque catégorie de malades occupe un bâtiment distinct, séparé des autres par d'immenses jardins, plantés de beaux arbres; des promenoirs couverts, des terrasses facilitent la circulation pour le service et peuvent abriter les promenades des convalescents. La brise de mer, les allées ombragées répandent partout une bienfaisante fraîcheur.

Le pavillon réservé aux officiers, très heureusement restauré, a conservé le style mauresque; il est bâti sur des voûtes qui servaient autrefois de magasins et aussi de bain maure. En arrière, une cour, entourée d'arcades, présente, sur chacune de ses faces, des appartements assez bas, supportés par des colonnes en pierre, groupées par trois, disposition très rare dans les constructions arabes. Dans la salle de la bibliothèque, qui est attenante à l'une des faces, sont placées deux belles colonnes, hautes de trois mètres environ, de teinte un peu roussâtre, qui devaient appartenir à une façade de style assez grandiose.

En résumé, l'hôpital militaire du Dey mérite une visite attentive, au point de vue des souvenirs qu'il éveille, et de sa magnifique installation.

Entreprenons maintenant l'ascension de la Bouzaréa. De quelque côté qu'on la tente, par la grande route ou par un des mille sentiers qui montent de Saint-Eugène, l'œil est forcément frappé par :

3 kil. **La Basilique de Notre-Dame d'Afrique.** Elle vous domine, vous attire; vous ne regardez que sa silhouette bizarre, se découpant vigoureusement sur l'horizon. Ce monument vient-il par son architecture compléter harmonieusement les lignes du paysage? L'église qui est là devant nous est-elle le résultat d'une sublime inspiration, comme le temple du Parthénon, dont la beauté pure et simple s'allie si bien avec la sobre nature qui l'environne? Le site est certes merveilleux et méritait un chef-d'œuvre!

. . . .

Je dois avouer que je me suis souvent trouvé fort embarrassé devant certains édifices modernes pour saisir l'idée qui a guidé le crayon de l'architecte ou pour décrire ses œuvres. Cette réflexion me revenait encore à l'esprit pendant mon dernier pèlerinage; une dame me tira d'embarras en me suggérant l'idée de comparer l'œuvre que j'avais devant les yeux *à un œuf dans son coquetier, avec des bougies plus ou moins hautes tout autour*, et je dois avouer que cette comparaison fort originale me parut à peu près juste.

Cette église, commencée en 1858, par Mgr Pavy, terminée par S. E. le cardinal Lavigerie, dessine une croix latine; le point de croisement des deux branches est surmonté d'un dôme ovoïde très élevé, entouré au chevet et sur les flancs de dômes de même forme mais moins hauts; du côté de la mer, l'entrée forme un péristyle assez écrasé, couronné par trois arcs de plein-cintre; au-dessus le mur nu de la nef, encadré par deux tourelles cylindriques; du côté de la montagne, la sacristie, surmontée d'une tour carrée formant clocher, est précédée de deux tourelles encore cylindriques.

L'intérieur est d'un dessin sévère; le chœur, entouré d'une balustrade de marbre blanc, est d'un bel effet, sous la lumière calme presque indécise que nuancent d'élégants vitraux; des *ex-voto* innombrables tapissent les murs ou flottent en élégantes bannières; aux pieds de la *Vierge-Noire*, reposent l'épée du maréchal Pélissier et celle du général Yusuf. Dans une chapelle, un voile de soie qu'on peut faire retirer par le sacristain recouvre une statue de saint Michel, en argent massif, d'une valeur de 100,000 francs, donnée par la corporation des pêcheurs napolitains. Chaque dimanche, du haut de Notre-Dame d'Afrique dominant au loin la mer, le clergé chante les prières des morts, pour les marins que les flots ont engloutis; ces chants et la bénédiction qui les accompagne, en face de cet horizon infini, sont un spectacle des plus émouvants.

Restons encore un instant sur le terre-plein qui entoure l'église pour examiner à l'O. la vallée, ou mieux, le cirque qui s'offre à nos regards. La crête de la Bouzaréa dessine, à partir de l'observatoire, qui est devant nous, jusqu'au *fortin de l'Ouest*, une sorte de demi-cercle rocheux, d'où les terres ont glissé vers la mer; elles se sont un instant arrêtées à mi-côte, pour former à notre hauteur une sorte de terrasse qui longe le demi-cercle, sur une largeur moyenne de 6 à 800 mètres, terrasse dont les eaux ont ensuite déchiqueté les bords, en ravins profonds. Le chemin qui la traverse est bordé d'oliviers au tronc noueux et de lentisques, qui atteignent ici un degré de développement inconnu ailleurs; il se termine brusquement au nouveau fort, d'où un sentier des plus rapides descend à Saint-Eugène.

Cette vallée, dont nous venons d'essayer la

description, est nommée *Vallée des Consuls*, en souvenir des consuls des États-Unis, de France et d'Angleterre qui y avaient établi leur résidence.

Le *consulat des États-Unis* (aujourd'hui *campagne Santelli*) est situé un peu au-dessus et à l'E. de Notre-Dame-d'Afrique; une belle haie de *cactus*, vulgairement aloès, l'entoure encore comme au temps où il était habité par M. Shaler, dont les notes fourmillent d'observations humoristiques fort intéressantes, mêlées au récit des plus graves événements de l'histoire de la Régence; témoin ces quelques lignes, écrites à la veille du bombardement d'Alger par les Anglais, en 1824 :

14 juillet 1824. — On a compté en différents moments quatorze vaisseaux anglais en pleine mer. Ce soir, comme pour faire contraste avec l'aspect sombre de la guerre et l'inquiétude qui existe naturellement dans un pays comme celui-ci, nous avons joui des plus beaux phénomènes de la nature. Au coucher du soleil un *cactus grandiflora* a commencé à fleurir dans le jardin du consulat, et développant insensiblement sa gloire éphémère aux rayons d'un beau clair de lune, il embaume l'air à la distance de plusieurs toises de ses doux parfums, et répand une forte odeur de vanille.

15 juillet. — Pendant la plus grande partie du jour, l'horizon a été couvert d'un épais brouillard. A environ cinq heures du soir, le brouillard a disparu en partie, et on a découvert en pleine mer seize vaisseaux anglais. La belle fleur qui s'était épanouie la nuit dernière était fermée le matin ; le soir, elle était desséchée sur sa tige.

16 *juillet*. — Le temps est brumeux; on a découvert l'escadre anglaise à l'O. du cap Caxine.

. . . .

Le consulat de France est aujourd'hui la résidence des archevêques d'Alger ; une fontaine placée en avant de la porte d'entrée laisse jaillir un mince filet d'eau du cœur d'une magnifique *fleur de lis*, en marbre blanc ; un parc très bien dessiné et planté de beaux arbres entoure cette demeure, qui invite naturellement au calme et au recueillement.

Tout à côté, faisant face à la mer, se trouve le *petit séminaire*.

Le consulat d'Angleterre (aujourd'hui *campagne Journès*) se trouve à l'extrémité O. du cirque ; il est perdu au milieu de beaux arbres, qui laissent à peine entrevoir les merlons, formant galerie, qui entourent sa terrasse.

Ces trois consulats étaient des maisons mauresques, que les occupants arrangeaient de leur mieux pour satisfaire aux exigences d'une installation européenne.

De Notre-Dame d'Afrique et de divers points de la vallée des Consuls, plusieurs sentiers escaladent la Bouzaréa ; on atteint d'abord la *Vigie de la Marine* (altitude 350 m. entièrement rasée actuellement et remplacée par l'observatoire) où les Turcs avaient installé un observatoire pour signaler la présence des vaisseaux de guerre ou des navires de commerce, dans les eaux de la Régence ; c'est là que le général de Bourmont s'établit le 29 juin 1830. Il y arriva vers sept heures du matin et y fit arborer le drapeau blanc. Alger avec ses murailles blanches, ses minarets, sa casbah, son port protégé par tant de batteries ; le fort l'Empereur ; les nombreuses et riantes maisons de campagne, ceintes d'une riche verdure, qui sont éparses aux environs de la ville ; la côte presque partout garnie de canons, la baie d'Alger, le cap Matifou ; la belle plaine de la Mitidja et le superbe Djurjurah dans le fond du tableau, voilà le panorama qui se déroulait devant lui.

On arrive ensuite au point le plus élevé de la Bouzaréa (altitude 407 m.), en suivant l'ancienne *voie romaine* (peut-être chemin turc) qui monte d'Alger en longeant les carrières. C'est le belvédère favori des touristes qui y jouissent d'une vue splendide.

Ceux qui s'intéressent à l'histoire de notre conquête pourront suivre du regard la marche du corps expéditionnaire depuis Sidi-Ferruch. Nous profiterons de la halte que nous imposent les fatigues de notre ascension, pour examiner rapidement la position des troupes, au moment de l'investissement du fort l'Empereur, dont la possession devait nous rendre maîtres d'Alger*.

Une brigade de la 3° division formait notre extrême gauche, appuyée au consulat des États-Unis, sur le versant E. de la Bouzaréa; le reste de cette division couvrait notre ligne de communications avec Staouéli et Sidi-Ferruch. La 2° division s'étendait de la Bouzaréa vers le village d'El-Biar. La 1re division était à cheval sur la route actuelle de Coléah, et formait l'extrême

---

* Nous engageons les personnes que cette étude pourrait intéresser, à faire précéder la reconnaissance des lieux par la lecture attentive des ouvrages suivants qu'elles pourront consulter à la Bibliothèque-Musée :

Relations de l'expédition d'Afrique en 1830, par Ed. d'Ault-Dumesnil;

Précis historique et administratif de la campagne d'Afrique, par le baron Denniée, intendant en chef de l'armée expéditionnaire;

Anecdotes historiques et politiques, pour servir à l'histoire de l'expédition d'Afrique, par Merle, etc...

Elles pourront prendre pour guide *la carte des environs d'Alger*, dressée par le service du Génie, 1886. (Alger, litographie Adolphe Jourdan.)

droite, en arrière du *consulat de Hollande* (aujourd'hui campagne *Gibaut*, ex-campagne *Meyer*) et du *consulat de Suède* (aujourd'hui campagne *Cavailhon*). De ce point, quelques reconnaissances furent lancées dans la direction du faubourg de l'Agha ; mais on résolut de ne point compléter l'investissement de ce côté. Les parcs de l'artillerie et de l'administration étaient placés à hauteur des premières maisons d'El-Biar, à l'E. de la route, un peu à droite du quartier général, situé à mille mètres environ en arrière du consulat de Suède.

Les batteries furent commencées dans la nuit du 30 juin au 1er juillet, et terminées le 4 juillet, à trois heures du matin ; elles étaient au nombre de six, formant deux groupes destinés à battre les faces S. et O. du fort.

Le premier groupe, en partant de la gauche de nos positions, comprenait :

La batterie *Saint-Louis*, comptant 6 canons de 16 ;

La batterie *Duquesne*, comptant 4 mortiers de 10 pouces ;

La batterie du *Dauphin*, comptant 4 canons de 24.

Ces batteries étaient situées sur la crête qui sépare le ravin de Bir-Traria du Frais-Vallon.

Le 2ᵉ groupe comprenait :

La batterie du *Roi*, comptant 6 canons de 24 ; on peut encore en voir l'épaulement parfaitement conservé, dans la propriété *Scala*, qui touche la ferme *Gibault;*

La batterie du *Duc de Bordeaux*, comptant 2 obusiers de 8 pouces ; établie à peu près au k. 4,500 de la route de Coléah ;

La batterie de *Henri IV*, comptant 4 obusiers de 8 pouces ; établie dans le jardin de l'ancien consulat de Suède.

Le 4 juillet, vers dix heures du matin, le fort l'Empereur sautait ; la tour qui servait de poudrière s'engloutissait au milieu d'une éruption de flamme et de fumée sortie de ses propres flancs. Les troupes françaises l'occupèrent aussitôt et tirèrent avec les pièces turques sur le fort Bab-Azoun. Alger était à nous !

Descendons maintenant du sommet de la Bouzaréa, vers le village qui porte son nom.

8 kil. **La Bouzaréa** (1,844 habitants) est formée de deux agglomérations distinctes : le village *français* et le village *kabyle*. Le village français n'a rien de particulièrement remarquable que son admirable situation et la pureté de son

air, qui l'ont fait choisir en 1835 comme emplacement d'une ambulance, au moment d'une épidémie qui sévissait sur Alger.

Le village kabyle, situé à l'O. de celui-ci, est formé par la réunion d'un certain nombre de cabanes, dont les murs en terre supportent une toiture primitive de branchages et de chaume. La population est habituée depuis longtemps aux visites des touristes; enfants et jeunes femmes les obsèdent par la mendicité la plus effrontée et la plus provocante. Une koubba entourée de *palmiers-nains*, qui méritent ici *très exceptionnellement* le nom de *palmiers-géants*, tente par son originalité le crayon de l'artiste, en même temps que les cyclamens qui fleurissent à leur ombre invitent à cueillir un bouquet de leurs belles fleurs roses et parfumées.

On peut descendre de la Bouzaréa directement sur Alger, en suivant la route qui traverse le vallon du même nom (voir page 154), ou bien rejoindre la route de Coléah, au 7° kilomètre, et prendre à gauche la route d'El-Biar (voir p. 148).

De ce point vous pouvez descendre et aller visiter le *petit lycée de Ben-Aknoun*, 7 kil. 5 d'Alger. Cet établissement, annexe du grand lycée d'Alger, a été construit pour recevoir les plus jeunes élèves pensionnaires. Les enfants n'y sont admis que jusqu'à la 2ᵉ année de l'enseignement spécial et à la classe de 4ᵉ de l'enseignement classique. A égale distance d'El-Biar à Dély-Ibrahim, il est installé dans une situation très saine, à une altitude de 250 mètres, au milieu d'un beau domaine de 22 hectares, ombragé par de grands arbres qui y maintiennent pendant les plus fortes chaleurs de l'été une température délicieuse. Les bâtiments nouvellement édifiés, et occupés depuis le mois d'octobre 1885, couvrent une étendue de près de 2 hectares, bien qu'ils ne soient destinés qu'à loger 240 internes; aussi offrent-ils toutes les conditions désirables de salubrité, de confort et d'agrément; l'air et la lumière circulent en liberté dans les salles et les appartements; quatre grandes cours plantées d'arbres, entourées de galeries et de préaux, abritent les élèves quand la pluie ou plus souvent le soleil ne permettent pas de les envoyer jouer et s'ébattre dans un vaste parc où chacun peut cultiver son jardinet. Les salles de bains avec baignoires et bassins de marbres, le bassin de natation avec cabines, le préau de gymnastique, le vestibule et une cour intérieure de style mauresque méritent d'attirer l'attention des visiteurs et de tous les amis de l'enfance. Chaque jour dix voitures-omnibus peuvent les déposer sous les ombrages de Ben-Aknoun.

DEUXIÈME EXCURSION

MUSTAPHA-SUPÉRIEUR, COLONNE VOIROL,
BIRMANDREIS, BIR-KRHADEM,
KOUBA, MUSTAPHA-INFÉRIEUR, L'AGHA

Nous sortons par la *porte d'Isly*, porte monumentale dont la façade extérieure est d'un bel aspect; les ouvertures de la double voie à laquelle elle donne accès sont voûtées à plein cintre, encadrées et séparées par des colonnes gémellées, qui supportent un entablement de style simple et sévère.

Au delà de l'enceinte, la route traverse les jeunes et vigoureuses plantations des glacis, laisse ensuite à droite la *cité d'Isly* et ses maisons joyeusement adossées à la colline que couronne le fort l'Empereur; à gauche le faubourg de l'Agha que nous étudierons plus attentivement à la fin de notre excursion. Des maisons, quelquefois rapprochées, quelquefois séparées par des intervalles incultes, bordent la chaussée. Bientôt nous atteignons les pentes du Sahel, et pour les gravir, la route serpente en zig-zags capricieux qui nous permettent d'admirer à notre aise ces belles collines de Mustapha, recherchées de tout temps pour la villégiature des citadins, témoin les lignes suivantes écrites en 1724 :

Toutes ces collines sont très bien cultivées ; on y voit quantité de vignes et d'arbres fruitiers qui donnent beaucoup de beaux et bons raisins dont on fait du vin et beaucoup de beaux fruits; mais, suivant l'usage des Turcs, tous les arbres sont plantés en confusion et sans ordre. Les collines sont garnies de belles maisons de campagne, qu'on appelle ici *masseries* (ce qui revient aux *bastides* de Marseille) et donnent un fort joli point de vue. Elles ne sont point entourées de murailles ; mais les séparations des terrains sont faites par des haies de figuiers de Barbarie et par des aloès très gros qui produisent des fleurs dont les tiges ont jusqu'à 15 ou 20 pieds de hauteur. Les bouquets de fleurs sont disposés à diverses hauteurs et forment comme les bras d'un lustre, ce qui fait un très joli effet.

On compte, dit-on, 20,000 de ces masseries; mais

je crois que ceux qui en ont fait le calcul y ont ajouté un zéro, et ainsi il faut réduire le nombre de 20,000 à celui de 2,000. (Peyssonnel.)

Aujourd'hui, en beaucoup d'endroits, la route est bordée de murs élevés, d'un aspect triste pour les promeneurs, et qui masquent fort désagréablement l'horizon des jardins qu'ils entourent. J'ai peine à me rendre compte de l'utilité de ces barrières massives, quand il serait si facile de ne leur donner que la hauteur suffisante pour soutenir les terres, un mètre à peine, et de laisser grandir en arrière, pour arrêter les yeux indiscrets, des haies d'orangers, d'eucalyptus, d'aubépines, voire même de figuiers de Barbarie aux fruits dorés. Ces murs nus font rêver de prison!

Quand la route est escarpée dans les flancs de la montagne, les murs deviennent heureusement de construction impossible; l'horizon s'élargissant alors se prête aux plus charmantes inspirations du poète ou de l'artiste.

Il est neuf heures du matin, écrit Fromentin, poète et artiste à la fois, je suis dans un endroit charmant, à mi-pente des collines et en vue de la mer, cadre grandiose dont ce paysage maritime ne peut se passer sans perdre beaucoup de son effet, de son caractère et de son étendue. Le lieu est désert, quoique entouré de maisons de plaisance et de vergers ; la solitude y règne comme dans toutes les campagnes de ce pays. Pour seul bruit, j'entends des norias dont le moulin tourne et fait ruisseler l'eau dans les auges, et le roulement presque continu des corricolos courant sur la route de Mustapha. Devant moi, j'ai deux maisons turques se groupant à des plans différents pour composer un joli tableau d'une agréable tournure orientale. J'y vois l'accompagnement obligé de toute construction turque : chacune est flanquée de cyprès. Les maisons sont d'un blanc à éblouir et coupées d'ombres fines, rayées comme au burin ; les cyprès ne sont ni verts, ni roux, on ne se tromperait guère en les voyant absolument noirs. Cette tache extraordinaire de vigueur s'enlève à l'emporte-pièce sur un ciel vif, et découpe, avec une précision dure à l'œil, la fine nervure de leurs rameaux, leur feuillage compacte et leur branchage singulier en forme de candélabres. Des pentes boisées descendent en moutonnant vers le bas de la vallée, et l'extrémité des coteaux enferme dans des lignes souples et un peu resserrées cet élégant morceau de paysage intime.

3 kil. 500. **Palais d'été du Gouverneur.** En 1830, sur l'emplacement que ce palais occupe aujourd'hui, s'élevait un modeste pavillon mauresque dont on peut encore voir une esquisse à

la Bibliothèque-Musée et qui a, dit-on, appartenu à la famille de Mustapha-Pacha. Le jardin, moins vaste qu'il ne l'est aujourd'hui, était un fouillis de plantes de toute espèce, que le sécateur n'avait jamais tourmentées. En 1837, le maréchal Valée y fit exécuter les premiers travaux d'aménagement et fit dessiner quelques allées ; c'était alors un simple but de promenade. Le maréchal Bugeaud commença à l'habiter, l'été. C'est au maréchal Randon que revient la plus grande part dans les travaux de construction et de plantation d'arbres. En avant du gracieux pavillon, soutenu par de légères colonnes en fonte, il fit élever des murs de soutènement, destinés à maintenir les terres qui forment terrasse, et que décorent aujourd'hui des parterres couverts de fleurs rares et des bouquets de camélias. Le maréchal Pélissier et le maréchal de Mac-Mahon continuèrent les embellissements de leurs prédécesseurs, ajoutant çà et là un pavillon, un massif de verdure.

L'ensemble de toutes ces constructions de style oriental, ces jardins féeriques, avec la mer pour horizon, un ciel toujours bleu pour dôme, sur lequel les arbres découpent le bizarre feuillage d'une végétation exotique, offrent aux gouverneurs de l'Algérie tout le confort d'une résidence princière, et prêtent à leurs fêtes, à leurs réceptions un cachet d'originalité qui rappelle les palais de Naples ou de Venise.

Les autres villas, louées pendant l'hiver aux étrangers, offrent presque les mêmes agréments comme site, mais avec moins de luxe et de recherche.

Le dernier lacet de la route nous permet d'admirer encore une fois le magnifique panorama d'Alger et des collines que nous venons de traverser.

5 kil. **La colonne Voirol** est située sur l'arête la plus élevée du Sahel, qui sépare Alger et sa banlieue de la plaine de la Mitidja; c'est un hameau de quelques maisons à peine, dominé à l'E. par l'ancien télégraphe aérien. Ce point fut longtemps le passage obligé de toutes les routes, qui d'Alger allaient épanouir leur réseau dans la plaine. La colonne qui a donné son nom au hameau rappelle dans l'inscription suivante la construction, par l'armée française, de la belle route qui y conduit :

ROUTE DE BIR-KHRADEM
EXÉCUTÉE EN 1834
PAR L'ARMÉE FRANÇAISE
SOUS LE COMMANDEMENT DU GÉNÉRAL VOIROL.

LE 10ᵉ LÉGER
LES 4ᵉ, 13ᵉ ET 67ᵉ DE LIGNE
LE 3ᵉ BATAILLON D'AFRIQUE
LA LÉGION ÉTRANGÈRE
ONT OUVERT CETTE ROUTE SOUS LA DIRECTION
DU GÉNIE MILITAIRE.

De ce point, vous pouvez descendre vers les villages vinicoles de *Kaddous, Draria, Saoula.* Cette excursion présente peu d'attraits au point de vue du paysage et des établissements à visiter; ce sont des villages très prospères, dont la physionomie peu caractérisée rappelle celle de Chéragas ou de Staouéli.

Vous pouvez aussi rejoindre El-Biar, en prenant à dr. un chemin vicinal très pittoresque; il suit l'arête du Sahel, ombragé d'oliviers, bordé de fermes parmi lesquelles on peut visiter à g. l'*orphelinat Saint-Joseph;* il offre au promeneur des échappées charmantes sur la plaine de la Mitidja ou sur la mer.

A g. s'ouvre le chemin de Birmandreis, longeant le ravin profond et encaissé de l'Oued-Khrenis ; le fond en est consacré aux cultures maraîchères et aux arbres fruitiers; parmi ces derniers, le plus commun est ici le *néflier du Japon*, au fruit légèrement acide. Visitez à dr. la villa *Langenstein*, que l'on pourrait appeler la *villa aux sculptures ;* un locataire anglais, dessinateur habile, *M. Hawke*, qui l'a habitée pendant quelques années, s'est amusé à sculpter, sur la roche friable qui borde le jardin, des bas-reliefs d'un travail très original. *Ève au Paradis terrestre, une tête de Bédouin,* font particulièrement ressortir le talent de l'artiste ; malheureusement le calcaire s'émiette chaque jour, et l'œuvre tend à disparaître.

La descente devient assez rapide, et le ravin s'étrangle au moment où l'on atteint :

7. kil. **Birmandreis** (contraction de : *Bir-Mourad-Raïs*, puits du corsaire Mourad), 1,191 habitants. Ce nom consacre le souvenir d'un capitaine fameux dans les légendes algériennes; renégat flamand, il conduisit ses galères jusque sur les côtes d'Irlande (1616). Le village, situé dans les replis d'un frais vallon, entre de hauts mamelons couronnés d'arbres, est un des plus coquets des environs d'Alger. Le sol fertile est couvert

d'une belle végétation naturelle ou créée par la culture, sur laquelle se détachent de jolis bouquets de pins.

Cinq routes viennent aboutir sur la place, plantée de beaux platanes : celle que nous venons de descendre ; puis, en partant de la g., le chemin de Mustapha-Inférieur, celui du ravin de la Femme-Sauvage (voir page 193), le chemin de Kouba, à travers une région plantée d'oliviers, nommée le *Bois-Sacré*, et enfin le chemin de Bir-Khradem, par lequel nous allons continuer notre route.

Celui-ci coupe les pentes S. des collines du Sahel, traversant de beaux champs cultivés, ombragé par une belle avenue d'acacias et de mûriers.

10 kil. **Bir-Khradem** (*puits de la Négresse*), 2,061 hab. — Petit village, propre et coquet, fondé en 1833 ; il est dominé à l'E. par un ancien camp qui servait, en 1851, de dépôt pour les condamnés politiques, transformé aujourd'hui en *pénitencier militaire*. Son territoire est surtout favorable à la production des fruits qui viennent alimenter le marché d'Alger. Sur la place, adossée à la mairie, une élégante fontaine arabe, ornée de colonnettes, a servi de sujet d'études à de

nombreux amateurs, depuis le premier croquis qu'en a pris le peintre Dauzats, au moment de sa visite, en compagnie du duc d'Orléans, en 1839.

A l'O. de Bir-Khradem, on doit visiter à pied les ruines de *Tixeraïn*. On y parvient en remontant pendant deux kilomètres environ le chemin qui va à *Kaddous;* un sentier qui descend à g. ne tarde pas à vous conduire devant un aqueduc parfaitement conservé et dont on ignore la destination. Au delà et un peu sur la droite, s'étend un vaste espace couvert de figuiers de Barbarie, dont le tronc arborescent présente une série d'étranglements et de renflements, correspondant au nombre des feuilles atrophiées qui le composent. Au milieu des murs délabrés, des terrasses qui s'effondrent, des portes d'entrée dont le cintre conserve encore quelques ornements, habitent de rares familles indigènes qui laissent s'égrener sous l'action du temps ces ruines dont personne n'a encore écrit l'histoire! On dirait une ville maudite, qu'une végétation, vigoureusement insolite et hérissée d'épines, veut dérober au regard. Une fontaine du même style à peu près que celle de Bir-Khradem, voisine d'un marabout placé sur la lisière de la forêt de figuiers, est le seul endroit vivant. Quelques animaux viennent s'y abreuver lentement, et des Arabes, couchés à l'ombre d'un olivier, vous regardent passer sans être distraits de leur éternelle rêverie!

Pour aller à Kouba, nous remontons l'avenue qui nous a conduit à Bir-Khradem; nous ne tardons pas à nous engager à dr. dans un chemin vicinal, parfaitement entretenu, qui coupe les pentes du Sahel; à dr. l'*orphelinat Saint-Charles*, fondé par S. E. le cardinal Lavigerie, au moment de la famine, pour *les jeunes filles indigènes*, qui s'y trouvent encore au nombre de deux cents et se livrent aux travaux agricoles, sous la direction des *Sœurs des missions d'Afrique*. Nous rejoignons bientôt après la grande route qui descend vers la Mitidja, et nous entrons sur le territoire de :

7. kil. **Kouba** (1,964 hab.), village fondé en 1832, sur le *habbous* (donation inaliénable faite à un établissement religieux) d'une mosquée bâtie en cet endroit, vers le milieu du XVI° siècle, par Hadj-Pacha; le premier emplacement, désigné aujourd'hui sous le nom de *vieux Kouba*, était protégé par quelques ouvrages de fortification, faisant partie de la première ligne de défense,

tracée par le duc de Rovigo en 1831, et passant par : *la Bouzaréa, Dely-Ihrahim, Kouba, Tixéraïn, le Gué-de-Constantine*. Les colons fondateurs furent des émigrants alsaciens.

Le village actuel s'est déplacé vers le N.-E. ; il est dominé par les constructions du *grand séminaire diocésain*, dont la terrasse, dessinant une série d'arcs de cercle, est surmontée d'une coupole d'un beau style. Sur la place se dresse une superbe statue du général Margueritte, tué à Floing le 2 septembre 1870. Tout à côté se trouve l'ancien télégraphe aérien, placé à l'extrémité orientale du massif du Sahel; le magnifique panorama étalé devant vous a pour limites Alger et sa rade, le cap Matifou, le col des Beni-Aïcha et toute la ceinture des montagnes qui limitent la plaine de la Mitidja jusqu'au Chenoua.

Le territoire de ce village est spécialement propre à la culture de la vigne.

Vous pouvez descendre de Kouba, en suivant le pittoresque *chemin de la croix*, construit dans le parc du séminaire, ou suivre, en partant du village, les lacets de la route qui va tomber au Ruisseau; une traverse à g. permet aux piétons d'abréger le parcours.

6 kil. **Le Ruisseau**, petit hameau situé au

débouché de l'Oued-Khrenis; des briqueteries, une tannerie assez vaste, constituent l'industrie de cette localité.

Du Ruisseau, deux chemins se présentent pour rejoindre Alger; le premier, le plus direct, longe le pied des collines, ombragé par des ormes séculaires entrelacés de lianes, coupe les deux sections du Jardin d'acclimatation; il est bordé, à sa hauteur, d'eucalyptus, âgés de quinze ans à peine, dont le développement a été arrêté par la poussière de la route; un peu plus loin à g., un cimetière arabe, abandonné aujourd'hui, voit ses tombes disparaître sous les feuilles d'acanthes, la vigne sauvage et les chèvre-feuilles. Le second chemin va rejoindre la route de Kabylie, voisine de la mer, et laisse ensuite, à dr. la voie ferrée et les ateliers de la compagnie P. L. M., à g. les bâtiments de l'abattoir.

Ces deux chemins se rejoignent devant le *parc aux fourrages*. L'espace compris entre eux est désigné sous le nom de *hamma*, zone fertile occupée par les cultures maraîchères, des champs de bananiers, le Jardin d'acclimatation et enfin le *Champ de manœuvres*, spécialement affecté aux exercices de la cavalerie et aux *courses*.

3 kil. **Mustapha-Inférieur**, faubourg d'Al-

ger jusqu'en 1871, date à laquelle il a été érigé en commune, au grand détriment des finances de la ville-mère. Ses maisons sont éparpillées le long des deux chemins ; quelques-unes, entourées de jardins, sont des plus élégantes. L'industrie y est représentée par de belles brasseries, des briqueteries.

Les quartiers de cavalerie et du train répandent autour d'eux la vie et le mouvement. A côté, et légèrement en arrière du parc aux fourrages, l'*hôpital civil*, précédé d'une belle avenue de mûriers, occupe un ancien baraquement militaire ; son installation est peu digne de la colonie ; elle n'est que provisoire, il est vrai, mais ici, et souvent ailleurs, le provisoire dure longtemps !

La route redescend vers Alger : sur les côtés, des maisons assez mal construites, dont chacune ou à peu près voit au rez-de-chaussée s'étaler le comptoir d'un marchand de vin et d'absinthe. Cette bizarre avenue est continuée par :

2 kil. **L'Agha.** Ce faubourg tire son origine d'un camp de janissaires, commandé par le lieutenant du dey, remplissant les fonctions d'*agha*. A certaines époques fixées pour la rentrée de l'impôt, le dey ordonnait la formation d'une colonne, pour faciliter la besogne des collecteurs.

Dix ou douze jours avant le départ, un fonctionnaire turc était chargé de faire dresser les tentes pour abriter la *m'halla* (corps expéditionnaire), en dehors de la ville, vers le S. Les janissaires s'y rendaient peu à peu, jusqu'au jour fixé par l'agha pour le départ, et de ce point tout le monde se mettait en marche.

Cet endroit, situé au-dessus du jardin de l'Agha, aujourd'hui *propriété Clauzel*, s'appelait *Zenboudj-el-Agha* (les oliviers de l'Agha). — Sur ce même emplacement, raconte un témoin oculaire :

Il est une autre cérémonie qui se fait au printemps et qui montre bien les insolentes prétentions des Turcs comme conquérants. Le *khaznadji*, en sa qualité de lieutenant du pacha, établit son camp hors des murs, à la porte O. de la ville. Des trois queues de cheval qui sont les insignes de sa puissance, deux sont déployées devant sa tente. L'agha, qui dans le moment représente un cheikh du pays, paraît en suppliant devant le khaznadji pour lui rendre hommage. Aussitôt on lui ordonne, d'une voix et d'un air menaçant, de fournir, pour rafraîchir l'armée, cent ou deux cents moutons, et d'en tuer lui-même à l'instant un, qui sera servi à la table de Son Excellence.

Ces réquisitions sont envoyées de suite. Des provisions de volailles, d'œufs, de couscoussou, etc., sont ensuite demandées, et l'humble cheikh s'empresse d'obéir, sans faire entendre le moindre murmure; enfin on lui ordonne de payer une certaine somme d'argent pour la solde des troupes. A cette demande, l'Arabe cherche des excuses, parle de sa pauvreté et d'une foule de malheurs qui le mettent hors d'état de payer à Son Excellence la somme qu'elle demande, malgré la meilleure volonté du monde, qui le porterait à lui complaire. Le khaznadji fait paraître alors les symptômes de la plus grande colère; il le menace de lui trancher la tête sur le lieu même, et finit par ordonner qu'on l'enchaîne et qu'on lui donne la bastonnade jusqu'à ce qu'il ait fourni la somme exigée. L'ordre est donné et on se prépare à l'exécuter. L'Arabe essaye de capituler pour une somme moins considérable, mais comme toutes ses sollicitations ne peuvent pas le tirer d'embarras, les anciens de sa tribu viennent à son secours et complètent entre eux cette somme, qui est déposée aux pieds de Son Excellence. Le khaznadji prend alors l'air le plus affable, donne au cheikh sa main à baiser, l'appelle son ami, le place près de lui et lui fait servir un régal de café. Ainsi finit cette farce, *portrait fidèle des relations du gouvernement algérien avec les naturels.* (W. Shaler.)

Aujourd'hui le village de l'Agha, faubourg d'Alger, est assez prospère; une fonderie, des ateliers de menuiserie, les nombreux et inévitables débits, une nuée de voitures et corricolos, en font un point des plus animés.

On rentre à Alger par la porte de Constantine, en laissant à dr. la *maison centrale des femmes*, derrière laquelle se trouve des bains de mer.

PREMIÈRE PROMENADE

La Cité d'Isly. — Les aqueducs.

Arrivé à l'extrémité E. de la rue d'Isly, prenez à dr. un chemin qui escalade le haut Alger; ses nombreux lacets, entourés de plantations récentes, vous conduisent au-dessus des casemates occupées par l'artillerie. Vous franchissez les fortifications par une trouée étroite; la route, à partir de ce point, se maintient à peu près horizontale jusqu'au palais du Gouverneur, devant lequel elle vient déboucher.

On peut aussi prendre à dr., après avoir franchi la porte d'Isly; c'est même la route la plus directe pour atteindre :

1 kil. **La Cité d'Isly**, réunion de maisons de campagne très confortables, dont les pre-

mièrés ont été bâties en 1856; elles sont adossées aux pentes qui descendent du fort l'Empereur vers l'Agha. Ces pentes sont déchirées par des ravins profonds plantés d'oliviers et de trembles séculaires; à la naissance et sur les flancs de ces ravins sont situées de délicieuses villas, cachées sous le feuillage des arbres, comme des nids d'oiseau. Alger a disparu; au-dessus de la luxuriante végétation qui vous entoure, vous n'entrevoyez que les flots bleus de la mer.

DEUXIÈME PROMENADE

Jardin d'acclimatation, Ravin de la Femme sauvage.

Voitures et corricolos s'offrent pour vous conduire : prenez l'un ou l'autre pour éviter la fatigue d'une route poudreuse, que vous connaissez déjà; vous pourrez bientôt courir à votre aise sans craindre la monotonie ou l'ennui.

5 kil. **Le Jardin d'acclimatation,** plus connu sous le nom de *Jardin d'essai*, a été créé par l'État, en décembre 1832, avec la mission de pro-

pager les arbres et les plantes les plus utiles, auxquels le sol et le climat d'Afrique peuvent convenir; il a été successivement agrandi et a pris, en 1837, le titre de *Pépinière du gouvernement*, que la mode n'a pas adopté. Par convention du 6 décembre 1866, il a été *affermé pour 49 ans* à la Compagnie générale algérienne, qui doit lui conserver son double caractère de pépinière d'essai et de promenade publique.

Le jardin comprend deux sections distinctes : l'une en plaine, spécialement destinée aux serres, aux pépinières ; l'autre adossée aux pentes abruptes du Sahel, servant de promenade. La première forme un immense rectangle, avec habitation du directeur et serres, à dr. de la porte d'entrée; elle est sillonnée par de longues avenues de platanes, de palmiers et de bambous; un chemin de ronde, accessible aux voitures, fait le tour de toutes les plantations. Cédons la parole, pour décrire les merveilles de la végétation, au charmant écrivain, devenu Algérien par goût, dont la plume a retracé avec tant d'*humour* les plaisirs de sa patrie d'adoption, l'*été* et l'*hiver*; j'ai nommé *Ch. Desprez*.

Une immense avenue de platanes part de la grille même de l'établissement, traverse le jardin dans toute sa longueur, et va, par une pente douce, aboutir au bord de la mer, dont on voit les flots bleus resplendir dans une trouée de feuillage.

La comparaison avec un berceau serait petite, mesquine, injurieuse. On dirait plutôt la nef d'une cathédrale, nef de cent pieds de haut et de mille mètres de long, avec une abside d'azur, des milliers de colonnes, des millions d'arceaux, et pour voûte un splendide vitrage au travers duquel les rayons, colorés de ces douces nuances qui rendent si mystérieux le demi-jour des temples gothiques, se jouent, se tamisent, se glissent, et vont retomber sur le sol en mosaïques de lumière.

Des bancs, placés de distance en distance, permettent de goûter, commodément assis, le charme de cette galerie forestière, qu'embellissent encore et parfument deux rangs de rosiers de Bengale, dont les tiges toujours fleuries séparent le chemin des carrés et des pépinières.

L'avenue des palmiers descend du bureau de la direction jusqu'au rivage, et laisse voir, comme sa voisine, entre ses branches inférieures, une échappée de mer d'un bleu céleste.

Les premiers fûts, les chefs de file de cette seconde colonnade, sont entourés d'un réseau de convolvulus dont les lianes semées de fleurs produisent un effet charmant. Je ne jurerais pas qu'entre les mille choses dont la beauté ou la nouveauté frappe ici le voyageur, ce détail ne fût un de ceux dont il emporte le plus poétique et le plus durable souvenir.

L'avenue des bambous coupe perpendiculairement l'allée des platanes et celle des palmiers. Ces magnifiques graminées de l'Inde, rangées par touffes, des deux côtés de l'allée, forment comme une voûte ogivale très aiguë, que le soleil respecte à toute heure et dont l'harmonieux bruissement rappelle la voix des grandes forêts. Elle nous conduit à l'E., à un magnifique rond-point de *ficus elastica*, qui nous prépare aux splendeurs du coin réservé spécialement à la végétation exotique. A côté du lac, couvert de larges feuilles de nénuphar, nous nous trouvons transportés au milieu des forêts vierges. Méry, qui ne les vit jamais qu'en rêve et qui nous en a laissé de si belles descriptions, se fût promené avec bonheur sous les ombrages de ces représentants de la flore d'un autre ciel. Je regrette que les noms de ces végétaux arborescents, de ces géants, à la cime empanachée, au tronc rugueux d'épines, de ces figuiers dont les branches viennent puiser à terre une nouvelle vigueur, de ces fougères qui font rêver des premiers âges de la création, ne soient pas encore passés dans notre langue et qu'il faille avoir recours, pour les désigner, à des noms latins, les plus barbares et les moins euphoniques. Je frémis en lisant sur les étiquettes : *pittosporum angustifolium, schinus terebinthifo-*

lius..., etc. Les botanistes, que ce sujet intéresse, trouveront, dans le catalogue du jardin et dans l'obligeante érudition de M. Rivière, directeur, les renseignements les plus étendus sur les espèces et les chances de leur acclimatation.

M. Hardy, le premier organisateur de la pépinière, avait essayé de créer, au Hamma, une sorte de jardin zoologique d'acclimatation et de domestication de certaines races indigènes, l'autruche par exemple; il ne reste aujourd'hui de cette utile tentative, morte faute d'une subvention suffisante, que quelques rares individus.

La section du Jardin d'essai, qui a toutes nos sympathies de promeneur, est l'*annexe*, adossée aux pentes raides du Sahel et presque abandonnée aujourd'hui. Ce n'est certes pas une critique que j'adresse, bien au contraire; il est bon, une fois les sujets plantés, de les laisser un peu livrés à eux-mêmes. Voyez aussi comme la végétation s'en est donné à cœur-joie : branches, racines, lianes forment le fouillis le plus pittoresque que l'on puisse rêver. Des avenues en zig-zag, dont les talus sont tapissés de lierre et d'acanthes, parfumés de cyclamens roses, conduisent au sommet de la colline. L'eucalyptus est surprenant de vigueur et d'allures; son feuillage couleur d'acier bleu tranche sur le vert sombre des pins du Nord et des *grevilleas*. Des acacias à fleurs jaunes étendent au hasard leurs branches ténues et frêles, au milieu des cèdres, des chênes de France, etc. Et quel horizon ! la dentelure d'Alger, son port, quelques bateaux disparaissant au loin, le *Cap Matifou*, le *Fort-de-l'Eau* et ses fermes; plus près, la rouge embouchure de l'Harrach et, au fond du tableau, le sommet neigeux du *Tamgout de Lalla-Kredidja!*

Du haut de l'annexe du Jardin d'essai, vous pouvez rejoindre, dans la direction d'une grande ferme arabe, le chemin vicinal direct de Birmandreis à Mustapha-Inférieur, qui à dr. vous ramène par une descente facile à la *Fontaine bleue* et de là au *Champ de manœuvres*.

En le suivant à g., vous pouvez descendre en courant jusqu'à Birmandreis; la pente est assez raide, mais le chemin est si coquet, si pittoresque ! les branches vous fournissent un appui si vous venez à trébucher.

Arrivé sur la place du village, prenez à g. pour suivre le ravin de l'Oued-Khrenis, plus connu sous le nom de : *ravin de la Femme sauvage*. Il doit son nom à une jeune cantinière, dont l'échoppe était installée dans un repli de la route que l'armée construisait alors. Les soldats l'avaient baptisée, avec une discrétion qui fait honneur à leur galanterie : la femme *sauvage*, à l'instar des Grecs, qui décorèrent de l'épithète de *philadelphe* un de leurs rois qui s'était vivement débarrassé d'un frère gênant.

L'Oued-Khrenis est en plusieurs endroits profondément encaissé; il disparaît sous une magnifique végétation de roseaux, de trembles, de peupliers entrelacés de lianes et de vignes. L'industrie a essayé d'utiliser son cours assez rapide ; quelques moulins avaient été construits, mais leurs grandes roues restaient immobiles de longs mois et la ruine suivait ces chômages désastreux. Les usines à vapeur, installées en Algérie avec tous les perfectionnements mécaniques les plus récents, ont aussi fait renoncer, trop vite peut-être, à l'emploi de l'eau comme moteur, en lui substituant une force moins capricieuse. Quelques moulins arabes du style le plus primitif ont à peu près seuls résisté à la concurrence par leur construction, leur entretien et leur fonctionnement, qui n'exigent que des frais relativement minimes.

Au moment des premiers essais d'élevage du *ver à soie**, une *magnanerie-modèle* et une *fila-*

---

* C'est en 1850 que l'on commença à s'occuper,

ture des cocons s'étaient abritées sur les bords de l'Oued-Khrenis ; mais les frais d'une installation trop hâtive, et peut-être trop grandiose, ont brusquement tué cette industrie.

On exploite dans ce ravin, à g., une belle carrière de grès dur que l'on emploie pour le dallage des rues ; on essaye de l'utiliser aussi comme pierre meulière.

.... Et doucement, les yeux séduits par le riant paysage, l'esprit lancé dans de sérieuses méditations sur la marche de la colonisation, nous ne tardons pas à rejoindre le Ruisseau, avec lequel nous avons déjà fait connaissance. (Voir page 182.)

---

en Algérie, de la production de la soie ; en 1866, l'exportation de soie *grège* s'est élevée au chiffre de 6,165 kilogrammes. Depuis cette époque, elle est en diminution constante ; en 1872, elle n'était plus que de 5,753 kilogrammes.

TROISIÈME EXCURSION

MAISON-CARRÉE, BOU-FARIK, BLIDAH

Cette excursion peut être faite en chemin de fer.

Descendez par une des belles rampes du boulevard, à la gare dont l'aspect est celui des mille gares de France. Les grandes compagnies aiment l'uniformité, pour économiser les frais d'architecte. P.-L.-M. a cependant, non sans peine, adopté un type de wagon plus commode que la prison cellulaire classique de France; une allée longitudinale qui coupe chaque voiture, facilite la circulation de l'air et des voyageurs; des plates-formes extérieures permettent d'admirer le paysage, si le chef de train est complaisant.

Le chemin de fer d'Alger à Oran n'a été complètement livré à la circulation qu'au mois de mai 1871, mais la section d'Alger à Blidah, qui seule nous intéresse aujourd'hui, est exploitée depuis le 15 août 1862. Son inauguration fut célébrée avec éclat; tous les représentants de la presse française y furent conviés, et ceux qui répondirent à l'invitation revinrent enthousiastes du pays qu'ils avaient visité.

La gare d'Alger est spécialement consacrée aux voyageurs; le manque d'espace a fait installer à l'Agha et à Hussein-Dey la gare des marchandises et les ateliers de construction et de réparation.

En sortant d'Alger, la voie marche parallèlement à la mer, laissant à dr. :

2 kil. *L'Agha* (voir page 184).

3 kil. *Mustapha-Inférieur* (voir page 183).

7 kil. **Hussein-Dey** (3,109 hab.). Ce village tire son nom d'une maison de campagne appartenant au dernier dey d'Alger. Sur l'emplacement qu'elle occupait, on a construit un vaste entrepôt pour les tabacs acquis par l'État. C'est en 1844 que l'État commença à employer des tabacs algériens dans ses manufactures; les achats,

faits d'abord à titre d'encouragement, prirent une certaine importance à dater de 1847. Aujourd'hui la province d'Alger compte deux centres d'approvisionnement : Alger et Blidah. A Alger, le chiffre des achats s'est élevé, en 1874, à la quantité de 3,282,025 kilog. au prix moyen de 73 fr. 67 les 100 kilog.; à Blidah, dans la même année, au chiffre de 1,050,889 kilog. au prix moyen de 67 fr. 66.

Le territoire d'Hussein-Dey est très favorable à la culture maraîchère et aux arbres fruitiers.

On y peut visiter les belles plantations d'eucalyptus du docteur Trottier, un des premiers et des plus ardents propagateurs de cet arbre éminemment utile. L'industrie y a établi quelques usines, entre autres des minoteries à vapeur très prospères.

A partir de cette station, la courbe de la baie d'Alger remonte au N.-E. tandis que la voie continue à s'avancer vers l'E., laissant à g. le champ de tir de l'artillerie.

C'est sur la plage comprise entre Hussein-Dey et l'embouchure de l'Harrach, qu'eut lieu le débarquement des troupes de l'*expédition des Espagnols en* 1541, commandée par Charles-Quint en personne. L'amiral Doria dirigeait la flotte;

Fernand Cortez, le célèbre conquérant du Mexique, était parmi les combattants. Nous en donnons une relation succincte d'après M. Ch. de Rotalier, auteur d'une *Histoire d'Alger*, trop oubliée aujourd'hui ; le lecteur pourra, en la lisant, faire d'intéressantes comparaisons avec l'expédition de 1830.

Le 23 octobre 1541, l'escadre espagnole s'approcha de l'embouchure de l'Harrach ; de ce côté, la plage unie, sablonneuse, offre, lorsque la mer est calme, une disposition commode pour le débarquement. Les troupes furent, en effet, heureusement mises à terre par les galères et les petites embarcations ; l'ennemi ne leur opposa qu'une résistance insignifiante.

L'empereur, suivi de sa maison, débarqua à neuf heures du matin ; il divisa ses troupes en trois corps de 7,000 hommes, auxquels il ajouta trois pièces d'artillerie de petit calibre pour éloigner les Arabes ; il se porta ensuite à trois milles de la plage et assit son camp. Pendant la nuit, les Algériens vinrent attaquer la gauche de l'armée, tirant des flèches et des arquebusades jusque sur le quartier de l'empereur. Au jour, les chrétiens marchèrent du côté de la ville et s'installèrent à un mille de la porte Bab-Azoun (faubourg de l'Agha). L'armée, dans cette position, était couverte par un profond ravin qu'on passait sur un pont, et où l'empereur jeta les Italiens qui se trouvaient ainsi à l'extrême droite, du côté de la mer ; les lansquenets allemands occupèrent jusqu'à mi-côte les pentes du Sahel, et l'empereur se logea près d'eux ; les Espagnols formaient la gauche de l'armée et s'étendaient jusque sur les hauteurs.

Ceux-ci débusquèrent les Arabes des maisons de campagne, et arrivèrent sur le sommet de la colline qui commande Alger (*Coudiat-es-saboun*) et s'y maintinrent, quoique pressés par de nombreux ennemis.

L'empereur jugeait avec joie que les murailles de la ville seraient promptement ruinées par l'artillerie, et qu'il pourrait, en outre, se procurer l'avantage immense de prendre les défenseurs en flanc au moyen des galères et des vaisseaux qui s'établiraient sous la place ; il ordonna sur-le-champ de débarquer le matériel.

C'est au moment où il croyait toucher à un magnifique triomphe, à l'instant où son armée pressait de tous côtés une place dont il venait de reconnaître la faiblesse, qu'un revers accablant lui arracha une victoire assurée et replongea dans le néant les vastes espérances que sa politique avait fondées sur cette dangereuse expédition.

A neuf heures du soir, la pluie commença à tomber, le vent du N.-E. se leva, et vers le matin, la tempête devint horrible; la flotte entière était en danger de périr; les soldats étaient glacés par l'eau qui pénétrait leurs habits. Au point du jour, les Turcs viennent attaquer l'infanterie italienne qui, après un moment d'hésitation, les ramène vigoureusement jusque dans la ville, où elle serait entrée, si les Algériens n'eussent fermé subitement les portes. Un chevalier de Malte, de *nation française,* nommé *Ponce de Savignac,* des plus ardents à la poursuite, planta son poignard dans l'un des battants de la porte Bab-Azoun*.

---

* A ce sujet, M. Féraud, dans une conférence faite à la réunion des officiers, à Alger, après avoir raconté l'acte de bravoure de *Ponce de Savignac,* ajoutait les réflexions suivantes, fort vraies et fort bien dites :

« La porte Bab-Azoun a disparu aujourd'hui; les Romains, les Arabes même, qui avaient le culte du souvenir, eussent élevé là une colonne avec une dédicace pour perpétuer la mémoire de l'acte de bravoure de l'un des leurs.

« Pourquoi nous, n'avons-nous pas donné le nom de ce vaillant soldat à la place où il s'illustra, qui occupe l'emplacement de l'ancienne porte, sur la-

Retirés derrière leurs remparts, les Algériens reprennent courage et accablent de traits et de pierres les assiégeants qui encombrent les fossés; en cet instant, le pacha Hassan conduit lui-même une nouvelle sortie qui jette le désordre parmi les chrétiens. En vain les chevaliers de Saint-Jean-de-Jérusalem, que l'on reconnaît dans la mêlée à leurs cottes d'armes violettes marquetées de croix blanches, opposent au danger un courage intrépide. La pluie, qui tombe constamment, empêche l'emploi des arquebuses, tandis que les Arabes ont conservé l'usage des arbalètes et des arcs; les lansquenets eux-mêmes perdent courage, mais ranimés par la présence de l'empereur qui vient combattre au milieu d'eux, ils mettent l'ennemi en fuite.

Cependant la tempête, dont la violence est toujours allée en croissant, a occasionné les plus graves désastres dans la flotte. En quelques

---

quelle nous aurions mis une inscription commémorative? Nous portons l'indifférence jusqu'à choisir le coin de la ville le plus isolé pour lui donner le nom de *Rue du 14 Juin* (jour du débarquement de l'armée française), grand fait historique que notre fierté nationale aurait dû consacrer d'une manière plus apparente ! »

heures, plus de cent cinquante bâtiments ont sombré; plusieurs galères sont affalées à la côte, et les Arabes descendus des collines environnantes viennent massacrer les malheureux naufragés. Les capitaines de navire luttent avec la plus grande énergie; quelques-uns se dégagent, et l'amiral Doria vient annoncer à l'empereur que, s'il est impossible de débarquer des munitions ou des vivres, il reste cependant assez de vaisseaux pour recevoir toute l'armée; mais l'embarquement n'est possible qu'au cap Matifou. La retraite commence en suivant le bord de la mer; comme les vivres manquent, on tue des chevaux de trait, dont on distribue la chair aux soldats.

La cavalerie turque poursuit les fuyards arrêtés par les eaux de l'Harrach; un pont de chevalets est commencé, mais heureusement la crue diminue et permet le passage à gué. Le Hamiz est franchi de la même manière, et le 30 octobre, l'empereur atteint le cap Matifou, où la flotte fournit enfin aux soldats les vivres dont ils sont privés depuis plusieurs jours. La tempête retarda l'embarquement, et ce ne fut que le 3 novembre que l'on put appareiller pour Bougie.

Telle fut l'issue de cette fameuse entreprise dont l'Europe a gardé si longtemps le souvenir, qui exalta jusqu'à la folie l'orgueil des Turcs, et leur fit croire que les tempêtes défendaient suffisamment leurs côtes inhospitalières.

Aujourd'hui, le *champ de tir* de l'artillerie occupe une partie de cette plage historique. Au delà, l'on aperçoit la magnifique ferme achetée par S. E. le cardinal Lavigerie et défrichée par les orphelins arabes, recueillis en 1867, pendant la famine. Les cultures maraîchères, l'artichaut en particulier, y sont d'une précocité remarquable. Cette ferme a été donnée par l'éminent Prélat aux *missionnaires d'Afrique*, qui ont installé sur la rive droite de l'Harrach le *séminaire ou noviciat des missions africaines* et leur *maison mère*. Les pères portent le costume arabe ; c'est leur chapelle que l'on peut voir d'Alger, se dessinant blanche sur les collines rouges, au-dessus desquelles est bâtie la :

12 kil. **Maison-Carrée.** C'était une ancienne caserne turque, bâtie au commencement du xviiie siècle, pour surveiller le passage du pont de l'Harrach, d'où vient son nom arabe de *Bordj-el-Kantara* (fort du pont), *Drâa-el-Harrach* (la colline de l'Harrach). Dès les premières années de notre occupation, on y établit un poste d'observation que les marais voisins rendaient très

fiévreux, et qui était, par son isolement, sujet à d'incessantes attaques. Les travaux de desséchement commencèrent en 1833. Plus tard, après le traité de la Tafna, ce fortin fut choisi comme point d'appui E. de l'*obstacle continu ;* en 1841 et 1842, un fossé fut en effet creusé de l'Harrach à Bir-Touta. Ces travaux amenèrent sur ce point des colons qui s'installèrent au pied de la *maison carrée*, transformée bientôt après en pénitencier indigène ; leurs habitations formèrent le noyau du village actuel, érigé en commune en 1851.

De grands travaux d'assainissement ont été nécessaires pour rendre cette localité habitable ; de belles plantations d'eucalyptus, dont on aperçoit la masse d'un vert sombre, ont aidé depuis quelques années à cette œuvre. Aujourd'hui le village comprend 4,340 habitants, de belles exploitations agricoles et quelques minoteries bien installées ; son marché a une certaine importance en bestiaux.

A partir de la Maison-Carrée, la voie tourne au S.-O. et traverse les collines du Sahel en suivant la coupure de l'Harrach ; elle est bordée d'allées non interrompues de saules, de pins d'Alep, d'eucalyptus ; la campagne offre à g. quelques belles prairies assez marécageuses, parsemées de bouquets d'oliviers.

15 kil. **Le Gué-de-Constantine** rappelle le

point où l'ancienne route arabe de Constantine coupait l'Oued-el-Harrach.

Un peu plus loin et sur la dr., une allée de jeunes palmiers, contournant un mamelon, conduit à la *ferme-modèle*, qui, paraît-il, n'a jamais pleinement justifié son nom. C'est aujourd'hui une propriété particulière et l'on peut voir ses plantations de vignes couvrir les dernières pentes du Sahel que nous allons abandonner à partir de :

20 kil. **Baba-Ali**. Belles fermes à visiter.

26 kil. **Bir-Touta** (*le puits du mûrier*); emplacement d'un ancien blockaus, sur le tracé de l'obstacle continu. C'est là que le général de Bourmont reçut le bâton de maréchal de France, le 25 juillet 1830, au retour de la première expédition à Blidah.

A hauteur des *Quatre-Chemins*, hameau dont on voit sur la droite les rares maisons, nous nous trouvons à peu près au point de croisement des deux axes de l'ellipse immense que dessine la *plaine de la Mitidja*.

Cette plaine, célèbre dans nos annales militaires et agricoles, est probablement l'ancien lit d'un courant marin dont l'embouchure s'étend de *Harrach* au *Boudouaou*, et dont la ligne, passant par *Marengo, Bou-Farik, Rouiba*, marquerait le *thalweg* ; elle est particulièrement riche en terrains d'alluvion, propres aux grandes cultures. Un soulèvement à peine sensible, et dont la direction perpendiculaire à ce thalweg passe à hauteur des Quatre-Chemins, la divise en deux bassins symétriques, celui de l'Harrach à l'E., celui du Mazafran à l'O. La pente insensible du plan de ces bassins a permis aux eaux stagnantes de former des marais, des lacs, tels que le lac Halloula, le marais de l'Oued-el-Alleug, de Bou-Farik, dont les miasmes ont été funestes aux habitants, tant qu'ils n'ont pas combattu leur action pernicieuse par le desséchement, le drainage, les plantations d'arbres. C'est ici que les saules, les mûriers, les platanes et plus tard, l'eucalyptus ont aidé au développement de la colonisation, vivant puissamment là où l'homme mourait, abritant aujourd'hui sous leurs ombrages bienfaisants les fils de ceux qui les ont plantés. Tout est harmonie dans la nature !

Par suite de cette ceinture de verdure, que chaque hameau naissant se hâtait de faire grandir autour de lui, ces hameaux, aujourd'hui villages, petites villes prospères, se cachent au regard ; à peine quelque blanc clocheton émerge-t-il, çà et là, pour servir de repère au voyageur ;

ajoutons aussi, pour expliquer cette solitude apparente, que les villages de la plaine de la Mitidja n'ont pas la cohésion de ceux de France; ils se composent de fermes éparses, souvent fort éloignées entre elles, et le point marqué sur les cartes n'indique que le centre politique d'un périmètre souvent très vaste.

Quand on traverse la plaine au mois de mai, l'œil repose sur de riches moissons, qui font rêver de la Beauce ou de la Normandie; vers l'E., des champs azurés de lin. Ici, quand la plaine se mamelonne, de belles plantations de vignes; partout la richesse agricole exubérante!

Pendant cet examen rapide de la plaine, le train arrive à :

37 kil. **Bou-Farik**. L'entrée par la ligne du chemin de fer est splendide. Des rangées de saules, de cyprès, de platanes, de mûriers, d'acacias, se croisent en tout sens; c'est un parc dont les arbres ont une physionomie spéciale; leur tronc est déjà énorme, néanmoins l'écorce en est lisse, reluisante, sans rugosités ni gerçures; les branches se détachent hardiment pour jouir, elles aussi, de leur part d'air et de soleil; c'est l'image de la vie jeune et vigoureuse.

Sur la place, statue, par C. Gauthier (1887), du

sergent Blandan, le héros de Beni-Méred. (Voir page 224.)

Combien de générations de soldats, de colons, nous a coûté ce point de la Mitidja, dont le cimetière, suivant l'expression brutalement imagée du troupier, était « *le jardin d'acclimatation* », avant de devenir l'égal des beaux villages de la Normandie, l'histoire ose à peine nous le dire.

Histoire. — Bou-Farik est une des rares villes de l'Algérie, qui ait eu un historien français. Elle compte, parmi ses administrateurs, *Toussenel*, l'immortel auteur de l'*Esprit des bêtes*; *de Chancel*, le charmant poète, auteur du *Livre des blondes* *.

Son historien, *C. T. de Fallon*, a écrit les *Français dans le Désert*, tableau plein d'humour, de verve originale et de détails bien vus et bien contés. C'est à son livre : *Bou-Farik et son marché*, que nous empruntons, en le résumant quelquefois, le récit qui va suivre :

Quand, le 23 juillet 1830, l'armée française, marchant sur Blidah, passa pour la première fois à Bou-

---

* Consulter, pour plus de détails, *Bou-Farik*, par le colonel Trumelet. (1 beau vol. grand in-18, 4 fr. Librairie Adolphe Jourdan. Alger.)

Farik, ce lieu n'était marqué que par deux puits à dômes grisâtres, et par une blanche koubba dédiée à Sidi Abd-el-Kader-el-Djilani. C'était là l'emplacement où se trouvait le marché de l'*outhan* (district).

Or, ces deux puits sont ceux que nous voyons encore aujourd'hui, l'un dans l'intérieur du marché, l'autre dans la première cour du camp d'Erlon. Ce dernier était ombragé de quatre trembles, ces arbres des sources, dont l'un, dit-on, avait une affectation patibulaire. On prétend que, longtemps encore après l'installation du camp de Bou-Farik, des bouts de cordes flottaient détressés et défrisés comme la chevelure d'un noyé, aux branches de cet arbre sinistre qui n'aurait été, assure-t-on, que l'instrument servant à l'exécution des arrêts du kaïd de l'outhan.

Le territoire actuel de Bou-Farik n'était qu'un marais tigré de forêts de joncs impénétrables ; ce n'était que flaques d'eaux croupissantes, que mares, que rides suintantes ; ne trouvant pas à s'écouler, ces eaux dormaient sur le sol en attendant que le soleil les bût ; d'autres, faisant effort vers le nord-ouest, parvenaient à gagner péniblement l'oued Tlata et l'oued Eth-Tharfa qui les jetaient dans le Mazâfran. Des chaussées, des ponts en branchages jetés sur ces vases, permettaient de circuler à travers les fondrières, lesquelles étaient semées d'îlots, fourrées de makis, emmêlées et embroussaillées de lianes, de ronces, d'aubépines et d'oliviers rabougris. C'était un délicieux pays pour le sanglier, la bête fauve et le gibier d'eau; il l'était moins pour l'espèce si inférieure des bimanes, laquelle n'a jamais su résister que fort imparfaitement aux effets de l'intoxication paludéenne.

On arrivait à Bou-Farik par des sentiers qui suivaient les renflements, les veines du sol, en traversant des fondrières vaseuses, des marécages enchevêtrés de joncs et de roseaux, et des makis inextricables ; à chaque pas des broussailles, des branchages étaient jetés en ponts au milieu du chemin, pour combler quelque dépression dans laquelle on enfonçait jusqu'aux genoux, surtout pendant la saison des pluies. Ces chaussées boueuses, pétries par les pieds nus des Arabes, étaient souvent impraticables pour les chevaux et les mulets.

Bou-Farik était le centre, le point culminant et d'attache de ces sentiers qui, pareils à un paquet de muscles, irradiaient et s'allongeaient en serpentant dans l'est, dans le nord et dans l'ouest. Son altitude, par rapport à ce qui l'entourait, donnait à son terrain une fermeté, une solidité qui, jointe à sa position au centre de l'outhan des Beni-Khelil, et à sa situation sur la route d'Alger à Blidah, en faisait tout naturellement un lieu parfaitement propre à l'établissement d'un marché.

La fondation du marché de Bou-Farik est évidemment contemporaine de l'organisation du *Beylik* turc en provinces et en districts; elle daterait ainsi du milieu du xvie siècle de notre ère.

Notre première visite à Bou-Farik, lors de l'expédition de Blidah, n'était qu'une simple reconnaissance ; la plaine de la Mitidja était en ce moment au pouvoir des *Hadjouth*, cavaliers intrépides, auxquels étaient venus se joindre des cavaliers des autres tribus de l'Algérie, réunis dans un même but, *celui de faire du butin*. On trouvait sans doute parmi eux des chercheurs d'aventures, des gens qui aimaient de la guerre le côté pittoresque, chevaleresque, entraînant et mettaient leur gloire à piquer droit sur une ligne de tirailleurs français, et à lui enlever au vol un fantassin tout équipé, tout armé ; à la rentrée au douar, les femmes les attendaient pour les acclamer de leur joyeux *you! you!* Il y avait aussi, parmi eux, des Arabes, ivrognes de poudre, et que son odeur grise ; partout où se fait sentir cette parfumerie de la guerre, le flair les y conduit ; mais il y avait surtout des coquins à cheval de tous les coins de la Mitidja et d'ailleurs.

Notre action sur eux, dans les premières années de la conquête, se borna à des razzias opérées par nos colonnes ; au reste, notre occupation alors très restreinte ne leur causait encore qu'une mince inquiétude ; c'est à ce motif et à l'influence de M. Pélissier de Reynaud, alors chef du bureau arabe d'Alger, qu'il faut attribuer un rapprochement qui se manifesta, dès les premiers mois de 1834. On voulut immédiatement mettre à profit leurs bonnes dispositions et, le 30 juin, cinq Français, accompagnés du capitaine Pélissier, et escortés par huit spahis, osèrent se présenter sur le marché de Bou-Farik, pour tenter de nouer avec les Arabes des relations commerciales. Leurs noms méritent d'être conservés; c'étaient : MM. de Vialar, de Tonnac, Grillet, Montagnac et Cordonnier. Cette visite causa une certaine agitation dans la Mitidja.

Cependant la conservation d'Alger venait d'être votée, et le général Drouet d'Erlon avait été nommé *Gouverneur général des possessions françaises dans le nord de l'Afrique* (22 juillet 1834). Il prit possession de son commandement avec l'intention bien arrêtée d'asseoir solidement notre influence sur le pays. Une de ses premières mesures fut l'occupation permanente du point de Bou-Farik, et le 5 mars 1835, le capitaine du génie *Grand*, tué glorieusement devant Constantine, y traçait l'enceinte d'un camp; les travaux furent terminés dans le courant du mois de mai. Cet établissement militaire prit le nom de *camp d'Erlon*; il comprenait un baraquement en maçonnerie et en planches, pouvant contenir 1,500 hommes, des écuries pour 600 chevaux, et tous les services administratifs ; en outre, trente-cinq petits marchands, cantiniers, étaient venus se grouper à côté des troupes, et la réunion de leurs modestes habitations en roseaux et branchages prenait le nom pompeux de *bazar*. M. le baron Vialar faisait construire en même temps une grande baraque en planches, dans laquelle fut installée une ambulance spécialement destinée au traitement des indigènes : Bou-Farik était créé !

Tous les travaux de cette sommaire installation avaient été rapidement poussés, malgré les attaques incessantes des cavaliers de la plaine, qui venaient chaque jour se ruer sur nos grand'-gardes et nos travailleurs. Le 63ᵉ de ligne et la légion étrangère furent les premiers régiments cantonnés, et payèrent le premier tribut aux terribles maladies du climat pestilentiel.

Peu à peu, les entreprises agricoles des colons grandissant et la population civile devenant plus nombreuse, le maréchal Clauzel s'intéressa à ce centre dont il prévoyait l'importance. Le 27 septembre 1836, il fit à chacun des habitants la concession de lots d'animaux. Les travaux du génie, qui faisait creuser de nombreux fossés dans les environs du camp, furent poussés avec une nouvelle activité ; la route qui le mettait en communication directe avec Alger fut terminée et, le camp d'Erlon devenant village prit le nom de *Medina-Clauzel* (Ville-Clauzel).

C'est à cette époque que remonte la création de la *milice africaine*, comprenant tous les Européens de 20 à 50 ans, domiciliés en Afrique. La compagnie de Bou-Farik trouva, jusqu'en 1842, de nombreuses occasions de prouver sa valeur. Les vigoureux colons qui la composèrent luttèrent courageusement contre deux fléaux ; avec la pioche contre un sol empoisonné ; combats terribles, dont le but est noble il est vrai, mais dont le résultat sera trop souvent la mort !

La mort, en effet, moissonnait abondamment parmi les colons et les soldats ; la fièvre, la dysenterie, la nostalgie ne comptaient plus leurs victimes.

Le colonel du 11º de ligne, M. Lévêque de Vilmorin, veut un jour passer la revue de son régiment ; des ordres sont donnés pour qu'il ne soit accordé d'exemption à personne. Le régiment s'assemble ; mais de ce corps, si beau, si fièrement militaire, il y a deux ans, lors de son arrivée en Afrique, il ne reste plus que des tronçons, des débris ; les compagnies n'ont plus que des lambeaux de cadres, quelques hommes seulement, les forts, et encore sont-ils minés par la fièvre et par la dyssenterie. De la compagnie qui tenait le poste de *Haouch Ech-Chaouch*, il ne se présente que *le fourrier, un caporal et un tambour*. « Pauvre régiment ! » s'écrie tristement son colonel en se frappant le front. Et l'on put voir une larme rouler dans les yeux de ce vieux chef qui semblait redemander, désespéré, ses soldats à la mort, comme Auguste redemandait à Varus ses légions détruites dans les défilés de Teutberg.

Tous les régiments qui se sont succédé dans la province d'Alger, les zouaves, cette troupe si brave, dont le nom est mêlé à chaque pas de la colonisation algérienne, ont largement payé leur tribut à Bou-Farik, qui devait plus tard, en 1871, abriter leur convalescence !

Et pendant que la maladie sévissait, les attaques du dehors devenaient plus fréquentes ! Le 2 juin 1837, vingt et un ouvriers européens, occupés à la fenaison, étaient cernés et massacrés par une nuée de cavaliers, aux portes mêmes du village.

L'ardeur patiente des Français ne se ralentissait pas ; les travaux de drainage se continuaient, les plantations étaient commencées. En octobre 1838, Bou-Farik comptait 60 maisons ou baraques (non compris les premières constructions du bazar), habitées par 500 individus.

En 1839, le fossé d'enceinte, destiné à donner

une certaine sécurité aux colons, est achevé; mais la mortalité se maintient à un chiffre si élevé, qu'il est question d'abandonner cet emplacement. Néanmoins, après l'expédition de 1840 sur Médéah, quelques mois de calme relatif permettent de pousser encore plus activement les travaux d'assainissement. Le 17 février 1840, Bou-Farik est érigé en commissariat civil.

En 1841, la population est de 429 habitants; les naissances s'y élèvent, cette même année, à 17, les décès à 106 ! En 1842, M. Toussenel, récemment nommé commissaire civil, écrit : « Bou-Farik est la localité la plus mortelle de l'Algérie ; les visages des rares habitants échappés à la fièvre sont verts et bouffis. La paroisse change trois fois de prêtre en un an; l'église est fermée. Tout le personnel de l'administration civile et militaire a dû être renouvelé. »

On parle encore d'abandonner le village naissant; mais les colons, tenaces, écrivent au Gouverneur général, « se faisant forts, disent-ils, avec deux ans de sécurité, de démontrer aux ennemis de la colonisation *ce qu'on peut dans ce pays-ci avec de bons bras et du cœur* ». Le général Bugeaud eut foi dans leurs nobles promesses, et les expéditions qu'il dirigea amenèrent enfin la pacification de la Mitidja.

A partir de ce moment (1842), plus d'histoire retentissante; les luttes avec le sol sont les seules à mentionner; la cité, chenille encore, va successivement devenir chrysalide et bientôt papillon. L'état sanitaire s'améliore; le nombre des arbres plantés s'élève, en 1844, à 3,720; la population est de 1,928 habitants.

En 1851, Bou-Farik est érigé en commune avec le village de *Soumâa* comme annexe. M. Borély La Sapie, son premier administrateur, fait construire la mairie, le lavoir couvert, un abreuvoir, des fontaines..., etc.; il commence en 1853 ces belles plantations de platanes qui font aujourd'hui l'admiration des étrangers.

En 1856, la population est de 3,243 habitants; la proportion des décès est de 1/50° et ce n'est plus guère que sur les enfants que la mortalité s'exerce.

Au recensement du 31 décembre 1872, le nombre des habitants s'élevait, pour la ville *seule*, à 12,347, formant 1,348 ménages, logés dans 457 maisons. On aime à rapprocher ces chiffres de celui des 35 colons qui fondaient Bou-Farik en 1835, et logeaient assez longtemps sous des tentes, ou quelques mauvaises baraques en planches.

Aujourd'hui, il n'est rien de coquet comme ces petites maisons dont les toits rouges émergent d'un nid de verdure ; c'est la campagne de la ville, la campagne avec ses bonnes et succulentes odeurs d'étable, de lait, de beurre ; la campagne avec de vrais campagnards en sarreau, labourant sérieusement et mettant leur gloire à bien tracer un sillon ; la campagne avec des filles fraîches comme les roses de leurs jardins, avec des enfants superbes, le plus net espoir de la colonie.

Bou-Farik, qui n'est que d'hier, rappelle volontiers Versailles, Saint-Cloud, avec leurs grands arbres.... Les eaux sont abondantes, les fontaines nombreuses, les lavoirs et abreuvoirs suffisants...

Les monuments publics à visiter sont rares. L'*église Saint-Ferdinand* a été bâtie en 1846 sur l'emplacement où une messe militaire avait été célébrée le 26 avril 1840, veille du départ de la division campée à Bou-Farik, pour l'expédition du maréchal Valée sur Médéah. Cette division était commandée par le duc d'Orléans, qui donna une somme de 5,000 francs pour la fondation de l'église dont il avait eu l'initiative.

Autrefois, l'*hôtel Mazagran*, rendez-vous des amateurs de *la tête de veau*, offrait comme attrait au touriste une enseigne peinte par Horace Vernet, représentant sur chaque face un épisode du siège de Laghouat, et deux gravures du même peintre, offertes par lui à M. Girard, alors propriétaire de l'hôtel. Hélas! enseigne, gravures, ont disparu.

L'industrie et les riches cultures sont largement représentées aux environs de Bou-Farik. En première ligne se place la magnifique ferme-usine de *MM. Chiris et Gros*, qui emploie en moyenne 200 ouvriers à la *culture* et à la *distillation* de la violette et du géranium ; près de cent hectares sont couverts de violettes de Parme, de cassis, de géranium, qui fournissent en quantité des essences et des huiles parfumées.

L'eucalyptus y est également exploité comme parfum de toilette, possédant les qualités les plus universelles ; il est même prôné comme apéritif destiné à remplacer avantageusement l'absinthe sous le nom d'*eucalypsinthe!* (Usines du docteur Miergue, de M. Leroux.)

Une *fonderie* accompagnée d'*un atelier de construction de machines* a été installée par *M. Fourrier*, ingénieur ; elle emploie quarante ouvriers, et rend déjà de grands services aux exploitations agricoles et industrielles.

En face de la gare, usine importante pour le *rouissage* et la *préparation* des *lins du pays*.

De belles pépinières voient prospérer toutes

les essences d'arbres indigènes ou exotiques, qui vont ensuite égayer les routes, places et jardins de l'ancien *camp d'Erlon*, créé par le P. Brumauld, de l'ordre des jésuites, qui avait recueilli des orphelins arabes. C'est aujourd'hui une propriété particulière.

Marché de Bou-Farik *. Le marché de Bou-Farik, dont l'origine remonte à la domination turque, se tient tous les lundis, sous de splendides platanes, le long de la route de Blidah.

Nous en recommandons la visite, non seulement à ceux que l'agriculture intéresse, mais encore aux amateurs du pittoresque; ils y trouveront réunis tous les types européens ou indigènes.

Sur la *place Mazagran* s'élève une magnifique statue du *sergent Blandan*. Les deux bas-reliefs représentent les deux phases principales du combat de Beni-Méred, 11 avril 1842, dans lequel le sergent fut blessé à mort. Ce monument est dû à l'initiative du *colonel Trumelet*. L'inauguration a eu lieu le 1er mai 1887 en présence de *Marchand*,

---

* Consulter, pour plus de détails, l'ouvrage du colonel Trumelet : *Bou-Farik, une page de l'histoire de la colonisation algérienne* (1 beau volume in-18, 4 fr. Alger, imprimerie A. Jourdan).

seul survivant de ce glorieux fait d'armes, de la députation algérienne et des autorités civiles et militaires et d'un immense concours de population ; le statuaire *Charles Gauthier* a été le lauréat du concours pour la statue et pour les bas-reliefs ; *Henri Petit*, architecte, a été chargé du monument et la maison *Thiébaut frères* de Paris fut chargée de la fonte de la statue et des bas-reliefs, qui réussit à merveille.

Le marché se tient le lundi ; dès le dimanche au soir, le mouvement de concentration commence. Voici des corricolos réformés, passés voitures *à volonté*, remplis à déborder de marchands d'origine hébraïque. Des chevaux apocalyptiques, des mulets étiques, des bourriquots tannés, tous chargés de tentes, de tapis, de nattes et du matériel de la profession de leur maître, lequel couronne le tout, sont poussés et maintenus à une allure fantastique, par le mouvement mécanique de va-et-vient d'une paire de tibias secs comme une trique, qui leur menace les flancs avec l'imperturbable régularité du pendule.

. . . .

Le lundi matin, les routes s'encombrent de gens à pied, à cheval, en voiture ; acheteurs, vendeurs, flâneurs, curieux, se dirigent vers le lieu du rassemblement avec une rapidité proportionnelle à l'intérêt qui les y amène. Les voici tous : colon-fermier en sarreau de toile bleue, coiffé d'un chapeau à larges bords; colon-propriétaire, en cabriolet ou en break avec sa famille, tenue de gentilhomme campagnard, mi-partie ville, mi-partie campagne; maquignons indigènes essayant, avec des savates éperonnées en ergot, de donner des allures fougueuses à des bêtes taillées en acridiens; piétons kabyles chargés comme des bêtes de somme des produits de leurs rudes montagnes; industriels blidéens, sections des bouchers, des savetiers, des maréchaux-ferrants, professions libérales, s'exerçant sur place; enfin tout le fretin du mercantilisme indigène, depuis le marchand d'allumettes chimiques en détail jusqu'au négociant en épingles et en aiguilles. Tout cela se meut et se précipite vers l'autel de Mercure, pour sacrifier à cette divinité. (C. T. de Fallon.)

L'importance du marché de Bou-Farik grandit tous les jours; le cours des bestiaux qui y sont vendus sert de régulateur, non seulement aux marchés de la province d'Alger, mais encore à tous ceux de la colonie.

Nous passons sous silence les céréales et les fruits, qui ne sont que les accessoires du marché.

Au sortir de Bou-Farik, le paysage s'élargit: vers le N. *la trouée du Mazafran, Coléah, la forêt de Tefschoun* se profilent à l'horizon; *le tombeau de la Chrétienne*, énigme archéologique, se dessine, vigoureusement éclairé, sur la masse sombre du *Chennoua*. Vers l'O. on distingue, noyé dans des vapeurs bleuâtres, le *piton de Zurich* et l'on devine le *Zaccar;* vers le S. les orangeries de Blidah, de Montpensier, dominées par les crêtes de l'Atlas*; enfin, à l'E. les hautes cimes du Djurjura.

45 kil. **Beni-Mered** (557 hab.), bâti sur l'emplacement d'un ancien camp, destiné à défendre l'*obstacle continu*. L'obélisque qui domine la fontaine située au centre du village rappelle la mort héroïque du sergent *Blandan*** et de ses braves camarades.

Le 11 avril 1841, la correspondance d'Alger partit de Bou-Farik sous l'escorte d'un brigadier et de quatre chasseurs d'Afrique; le sergent Blandan, seize hommes d'infanterie, du 26ᵉ de ligne, rejoignant leur corps, et un sous-aide major, faisaient route avec eux. Ils cheminaient tranquillement, sans avoir

---

* Nous sommes forcé d'employer le mot : Atlas, expression géographique *fausse*, que nous n'acceptons pas, mais qui est généralement adoptée. La nomenclature orographique de l'Algérie est encore à faire.

** Consulter pour plus de détails, *Le sergent Blandan et le combat d'El-Mechdoufa.* (1 brochure in-18, 75 centimes, imprimerie Adolphe Jourdan. Alger.)

aperçu un Arabe, quand tout à coup, du ravin qui précède Beni-Mered, trois cents cavaliers s'élancèrent sur la petite troupe. Le chef courut au sergent et lui cria de se rendre. Un coup de fusil fut sa réponse ; et se formant en carré, nos soldats firent tête à l'ennemi. Les balles les couchaient à terre un à un, les survivants se serraient sans perdre courage. « Défendez-vous jusqu'à la mort, s'écria le sergent en recevant un coup de feu ; face à l'ennemi ! » et il tomba aux pieds de ses compagnons. Des vingt-trois hommes, il en restait cinq, couvrant de leur corps le dépôt qui leur avait été confié, quand un bruit de chevaux, lancés au galop, réveilla leur ardeur. Bientôt, d'une nuée de poussière, sortirent des cavaliers, qui, se précipitant sur les Arabes, les mirent en fuite. C'étaient Joseph de Breteuil et ses chasseurs. A Bou-Farik il faisait conduire les chevaux à l'abreuvoir, lorsqu'on entendit la fusillade. Aussitôt, ne laissant à ses hommes que le temps de prendre leurs sabres, M. de Breteuil partit à fond de train suivi des chasseurs montés au hasard. Le premier, il se jeta dans la bagarre, et grâce à sa rapide énergie, il put sauver ces martyrs de l'honneur militaire. (*Souvenirs de la vie militaire en Afrique*, par le comte P. de Castellane.)

Ces actes d'héroïsme ne sont point rares dans les annales militaires de l'armée d'Algérie ; mais combien peu, dont le souvenir soit consacré par un monument, par le nom d'un village*! et combien aussi de dévouements obscurs de soldats, de colons militants, que l'histoire n'a jamais enregistrés! Les restes de Blandan sont déposés maintenant dans le socle de la statue qui lui a été érigée en 1887 à Bou-Farick.

De Beni-Mered à Blidah, on touche presque les pentes de l'Atlas et on en distingue les moindres détails. Prenant le fort *Mimich*, qui domine Blidah, comme point de repère, on voit à droite la naissance des gorges de la Chiffa; à gauche le ravin de l'Oued-el-Kebir, qui nous cache ses cascades, ses usines et ses maisons de campagne, entre les deux, la ville. Çà et là, sur les flancs de la montagne, couronnée d'une forêt de cèdres, de blanches koubbas égayent le paysage d'un ton général assez sombre.

51 k. **Blidah** (*El-Boleida*, la petite ville). 24,304 hab. — Les Arabes ajoutent souvent à son nom l'épithète de *voluptueuse*, presque *courtisane*. Un marabout voyageur l'a saluée, à la façon de Chapelle et Bachaumont, d'un gracieux madrigal : *on t'appelle petite ville et moi je*

---

* Consulter pour plus de détails, *Blida* par le colonel Trumelet (2 beaux volumes grand in-18. Alger librairie A. Jourdan).

l'appelle petite rose. Heureuse ville, qui n'a jamais éveillé que des pensées d'amour et qui doit peut-être à cette circonstance, d'avoir eu une existence paisible, puisque l'histoire l'a presque oubliée!

Histoire. * Blidah tient en effet peu de place dans les livres du passé. L'épigraphie n'a fourni aucun document qui permette de connaître son nom, si elle en avait un, sous la domination romaine. C'était probablement un délicieux jardin dont le propriétaire, peu soucieux de la postérité, laissait les légions conquérantes prendre directement le chemin d'*Icosium* (Alger) à *Tanaramusa* (La Chiffa et Mouzaïa), et descendre ensuite vers le S. sur *Medix* ou *Ad-Medias* (Médéah).

Les Arabes mentionnent amoureusement Blidah dans leurs souvenirs; mais comme on ne rencontre, dans les légendes racontées au sujet de cette voluptueuse, aucun souvenir de guerre, il est probable que ses sultans menaient l'existence des *rois fainéants*, et que leur peuple imitait leur exemple. Même silence sous la domination turque

---

* Consulter pour plus de détails, les *Archives mitidjéennes*, par M. C, T. de Fallon et l'ouvrage du colonel Trumelet : *Blidah, Récits selon la légende, la tradition et l'histoire* (2 beaux volumes grand in-18. Alger, librairie A. Jourdan).

jusqu'en 1825. Ce jour-là, Blidah cessa d'être heureuse et l'histoire se hâta de raconter ses infortunes. Un violent tremblement de terre la détruisit presque en entier ; ses maisons, en s'écroulant, écrasèrent la moitié de la population ; l'autre moitié devisait sous les orangers et fut sauvée ; elle travailla, après quelques velléités d'abandon, à rebâtir au milieu des ruines.

Quelques jours après notre débarquement en Algérie, le général de Bourmont, à la tête de 1,800 hommes, poussa une reconnaissance jusqu'à Blidah. Notre armée la trouva entourée d'un mur d'enceinte et couronnée de vastes cimetières ; les vestiges du désastre de 1825 étaient partout visibles ; les habitations n'étaient guère que des huttes. Les rues étaient étroites et couvertes de roseaux, du haut d'une maison à l'autre, pour empêcher les rayons du soleil d'y pénétrer. Les portes de la ville avaient seules quelque apparence architecturale. Les alentours étaient, comme aujourd'hui, magnifiques par leur luxuriante végétation, l'eau et le soleil s'y rencontrant dans cette heureuse proportion qui la produit. Tout le pays n'était qu'un grand bosquet de lauriers-roses, d'orangers, de citronniers, de figuiers, d'oliviers, dont plusieurs présentaient neuf à dix pieds de circonférence. Des canaux d'irrigation y distribuaient partout le bienfait des eaux.

Notre première visite fut de courte durée, et si les citadins furent accueillants, les Kabyles, descendus des montagnes voisines, inquiétèrent au retour notre arrière-garde. La pacification de la Mitidja occupa les premières années de notre conquête, et, malgré la proximité d'Alger, Blidah ne fut occupée qu'en 1838 par le maréchal Valée; cette occupation, d'abord timide, amena la création de deux camps permanents en avant de la ville (ils sont devenus les villages de *Joinville* et de *Montpensier*); l'année suivante nous franchissions définitivement la vieille enceinte.

Les *Beni-Salah* descendirent alors de leurs montagnes, coupèrent les conduites d'eau et bloquèrent étroitement la malheureuse garnison, qui ne pouvait faire connaître à Bou-Farik ou à Alger sa situation désespérée. Un caporal du nom de *Sourdis*, se dévoua pour traverser les lignes ennemies et y réussit. Le maréchal Valée s'élança vers Blidah, battit complètement, près de *l'Oued-el-Alleug*, les *bataillons réguliers* et les *contingents* Arabes, qu'il chargea de sa personne à la tête des chasseurs d'Afrique. L'ennemi laissa près de 400 morts sur le champ du combat (31 décembre 1839). Blidah était ainsi débloquée.

Les Arabes, un peu abasourdis par cette défaite,

revinrent à la charge le 29 janvier; un corps assez considérable d'infanterie régulière et de fantassins des contingents, s'embusqua dans le *Bois des oliviers*, qui est à 200 mètres à l'O. de Blidah, et y attaqua les travailleurs occupés à ouvrir des tranchées dans les orangeries, pour dégager les abords de la place; après un combat opiniâtre dans les jardins, où notre infanterie se conduisit valeureusement, l'ennemi se retira dans les montagnes, abandonnant 200 tués ou blessés.

Pour mettre fin à ces attaques incessantes, le général *Duvivier* fut nommé au commandement de Blidah. Bientôt la paix fut assurée dans la plaine et dans la montagne et notre ligne d'occupation portée sur le Chéliff. Pendant quelques mois, la ville, entourée d'un fossé, forma le sommet du triangle, que dessinaient avec elle, Coléah et la Maison-Carrée, triangle qui porta le nom *d'enceinte continue;* mais cette idée ne tarda pas à être abandonnée devant la marche toujours croissante de notre conquête.

A partir de 1842, l'histoire de Blidah, érigée en commissariat civil l'année précédente, redevient silencieuse.

Aspect et description. — Nous avons déjà dit ce qu'était la ville en 1830; depuis cette époque, notre architecture y a pénétré largement, bâtissant là comme partout en France. Le tremblement de terre du 2 janvier 1867 a arrêté cependant les maçons en deçà du troisième étage.

Le cœur de la cité est la place d'Armes, entourée de maisons à arcades, occupées par les principaux cafés. L'angle S-O. de la place d'Armes touche à la place Saint-Charles, bordée par l'église, le Collège ouvert en 1874, et quelques jolies constructions à l'européenne. — L'église Saint-Charles est construite dans un style qui n'est pas positivement le style roman ; l'extérieur est plus monumental que l'intérieur. L'hôpital aux constructions importantes et bien aménagées est entouré de beaux et vastes jardins. Les établissements militaires, parmi lesquels il faut visiter le magnifique *dépôt de remonte*, sont en général bien construits. Les casernes, avec les bibliothèques militaires de la rue Bab-es-Sebt, méritent une visite.

Aux portes même de la ville, à l'O., le *jardin public*, offre aux regards un vaste bassin, entouré de haies d'orangers et de grenadiers, de *jacarandas*, que l'on prendrait pour de colossales fougères, de *daturas* dont les fleurs simulent de gracieuses coupes de marbre blanc renversées.

Un peu plus loin, *le Bois sacré*, dont les splendides oliviers centenaires, aux troncs noueux, abritent deux élégantes *koubbas;* nulle part, même dans les Kabylies, cet arbre n'a cet aspect hardi et majestueux. Des eucalyptus superbes les dominent de leur couronne de feuillage.

À l'E. de la ville, sur la route d'Alger, le *Tapis-Vert*, jardin, café, théâtre d'été, salle de bal, que sais-je ? ombragé de beaux arbres ; il a retenti autrefois de gais et joyeux refrains, quand nos colonnes victorieuses revenaient du S. Aujourd'hui il est plus calme, la troupe des artistes n'y fait que de rares apparitions.

Malgré son apparence silencieuse, Blidah vit et devient chaque jour plus prospère. C'est au milieu des orangers et des mandariniers, qui font à la *courtisane* une ceinture de fleurs chastes et de fruits dorés; c'est dans le ravin de l'Oued-el-Kebir, couvert d'usines, parsemé de villas, qu'il faut chercher son activité et sa richesse.

Commerce et industrie. — Le commerce est à peu près limité à la vente des mandarines et des oranges, qui s'est élevée en 1874 à un chiffre colossal. D'après nos recherches les plus consciencieuses, Blidah a exporté en France, cette année-là : *cinq millions quatre cent mille mandarines ou oranges;* la consommation sur place a peut-être atteint ce même chiffre.

Grâce à l'Oued-el-Kébir, Blida qui par les canaux de cette rivière est déjà une ville agricole, devient également une ville industrielle. Depuis longtemps cette rivière met en mouvement des moulins considérables qui peuvent fournir 1,000 balles par jour. En dehors de ces minoteries, Blidah a des fabriques de pâtes alimentaires, de papier et des pressoirs à huile; mentionnons aussi la fabrication d'objets en thuya, aux riches mouchetures; une visite à l'atelier de M. Still permettra de choisir en souvenir de l'excursion, des *coupes*, des *coffrets*, chefs-d'œuvre d'ébénisterie.

Un journal politique se publie à Blidah; c'est le *Tell*, fondé en 1864.

PREMIÈRE PROMENADE

Ascension du piton des Beni-Salah.

Cette promenade doit être faite à pied, ou mieux à cheval; de Blidah à la *glacière Laval* on compte deux heures, à un bon pas, et à peu près le même temps, de la glacière aux *Deux Cèdres*, terme habituel de la course. Il est indispensable d'apporter le déjeuner avec soi.

Et maintenant, nous vous donnons pour guide Fromentin, qui a raconté ses impressions sous forme de lettre, dans un livre charmant : *Une année dans le Sahel*, dont nous ne saurions trop recommander la lecture à ceux qui aiment à retrouver dans un écrit l'émotion intime de l'auteur et la vérité absolue du paysage.

Tu connais la route escarpée que nous avons suivie, cette longue rampe en colimaçon, qui commence au lit de l'Oued, décrit de grands cercles sur le flanc nord de la montagne, et conduit, en quatre ou cinq heures de cheval, au dernier sommet qui domine immédiatement Blidah. A mi-côte à peu près, se trouve la glacière, jadis habitée par les Maltais, pourvoyeurs de neige, charbonniers et chasseurs (*aujourd'hui glacière Laval*). Il reste une ou deux baraques en manière d'abri, posées au bord de l'étroite esplanade, où par une claire matinée de mars, ensemble, il y a de cela trop d'années pour que je les calcule, nous avons vu voler des aigles et cueilli des fleurs qui ne fleurissent plus en automne. Un peu plus haut, sur un piton qui se voit de Blidah, est perché le télégraphe, avec ses longs bras articulés qui meurent d'inaction pendant les obscurs brouillards de l'hiver. Tout à fait au sommet, parmi les cèdres et sur le dernier repos de la montagne, taillée en pain de sucre, subsiste encore un vieux marabout autrefois ouvert, aujourd'hui barricadé de broussailles, qui cependant n'est pas en ruine, quoiqu'il ait l'air absolument abandonné. Le plateau n'a pas plus de cent pas d'étendue ; il est environné de cèdres et pavé de roches vives, plates et blanches, si fortement lavées, puis dévorées par le soleil, qu'elles ont pris l'aspect aride et dénudé des ossements qui sont restés longtemps en plein air. Une herbe rude et courte, sorte de végétation métallique, la seule qui puisse vivre sur ce sol de pierre et dans les duretés de ce haut climat, forme, avec des lichens grisâtres et des lambeaux de je ne sais quelle mousse épineuse l'indigente et morne couverture du rocher.

Les cèdres sont bas, mais très larges ; leur feuillage est noirâtre, leur tronc couleur de fer rouillé. Le vent, les neiges, la pluie, le soleil, qui semble encore plus âpre ici que dans la plaine, la foudre, qui de temps en temps les frappe et les partage en deux, comme de fabuleux coup de hache, toutes les intempéries des saisons extrêmes, les criblent de blessures mortelles qui pourtant ne les font pas mourir. Leur enveloppe exfoliée les abandonne et se répand en poussière autour de leur tronc. Les passants les ébranchent, les bergers les mutilent, les bûcherons en font des fagots ; ils finissent petit à petit, mais avec l'intrépidité des choses vivaces ; leurs racines ont la solidité de la pierre qui les nourrit, et la sève qui semble fuir devant les nécessités inévitables de la mort certaine, se réfugie dans les rameaux qui toujours verdissent et fructifient.

Nous nous assîmes au pied de ces vieux arbres respectables et pleins de conseils. La journée était belle, et me parut triste ; peut-être parce que nous n'étions gais ni l'un ni l'autre. Il faisait chaud et très calme, circonstance que je n'oublierai jamais, car je lui dois la plus forte impression de grandeur et de paix complète qu'on puisse éprouver dans sa vie. Le silence était si sévère, l'immobilité de l'air était telle que nous remaquâmes le bruit de nos paroles, et qu'involontairement nous nous mîmes à causer plus bas.

Mesuré de l'endroit dont je parle, au pied du marabout, l'horizon décrit un cercle parfait, excepté sur un seul point où le cône noirâtre de la Mouzaïa fait saillie. Au nord, nous embrassions la plaine avec ses villages à peine indiqués, ses routes tracées par des rayures pâles, puis tout le Sahel, courant, comme un sombre bourrelet, depuis Alger, dont la place exacte était déterminée par des maisons blanches, jusqu'au Chennoua, dont le pied s'avançait distinctement comme un promontoire entre deux golfes ; au delà, entre la côte d'Afrique et le ciel infini, la mer s'étendait à perte de vue comme un désert bleu. Dans l'est, on apercevait le Djurjura, toujours blanchâtre ; à l'opposé, montait la pyramide obscure de l'Ouarensenis ; quatre-vingts lieues d'air libre, sans nuages et sans tache aucune, séparaient ces deux bornes milliaires posées aux deux extrémités des pays kabyles.

A mes pieds se développaient quinze lieues de

montagnes, échelonnées dans un relief impossible à saisir, enchevêtrées l'une à l'autre, et noyées, confondues dans un réseau d'azurs indéfinissables. Nous aurions pu voir Médéah, si la ville n'était masquée par le Nador et perdue dans le pli d'un ravin, qui, lui-même, est le versant d'un plateau très élevé, puisqu'il y neige. Droit au sud, et bien au delà de ce vague échelonnement de formes rondes, de plissures, de vallées, de sommets, — géographie réduite à l'état de carte panoramique du vaste pays montueux qu'on appelle le Tell et l'Atlas, — on découvrait des lignes plus souples, à peine sinueuses, tendues comme des fils bleuâtres entre de hautes saillies, dont la dernière, à droite, porte la citadelle de Boghar. Plus loin encore commençait la ligne aplatie des plaines.

Enfin, à l'extrême limite de cette interminable étendue, dans une sorte de mirage indécis, où la terre n'avait plus ni solidité ni couleur, où l'œil ébloui aurait pu prendre des montagnes pour des filets de vapeurs grises, je voyais, du moins V... les nommait avec la certitude du voyageur géographe, les sept têtes des Seba-Rous, et par conséquent le défilé de Guelt-Esthel et l'entrée du pays des Ouled-Nayl. La moitié de l'Afrique française était étendue devant nous : les Kabyles de l'est, ceux de l'ouest, e massif d'Alger, les steppes, et, directement à l'opposé de la mer, le Sahara.

DEUXIÈME PROMENADE

Les gorges de la Chiffa.

Vous pouvez gagner le village de *la Chiffa* en chemin de fer, y prendre la diligence de Médéah, qui vous déposera à l'*auberge du Ruisseau des Singes*, milieu des gorges, et vous y reprendra au retour. Il vaut mieux, à notre avis, fréter une calèche à Blidah; on est ainsi le maître de son temps et de sa promenade.

Le trajet, aller et retour, demande cinq heures, sans compter les temps d'arrêt.

Au sortir de Blidah, la route tourne brusquement à l'O. et longe le pied de la chaîne de montagnes qui sert de ceinture à la Mitidja. Des deux côtés de la route, des champs en pleine culture. En automne, les troupes de la division d'Alger s'y réunissent, pour exécuter les grandes manœuvres annuelles.

On ne tarde pas à atteindre l'*Oued-el-Kebir* et quelques cents mètres plus bas *la Chiffa* ; le chemin de fer que nous côtoyons franchit les deux rivières un peu en aval de leur confluent.

L'aspect du lit de ces torrents, large et sans eau, forme un paysage de caractère éminemment africain. Une des rives est taillée à pic dans une terre rouge, tandis que l'autre s'étend au loin vers la campagne en grève caillouteuse, parsemée de rares bouquets de lauriers-roses. Le soleil fait flamboyer ces terres ocreuses, ce sable blanchâtre, et la lumière qu'ils renvoient à l'œil est à ce point intense, que, par opposition, l'azur du ciel paraît mat et sombre. En été, l'air tremble au-dessus de cette fournaise et l'ombre des touffes d'arbustes se découpe à leurs pieds, nette et presque bleue. En automne, au moment des premières pluies, ou bien au printemps, à l'époque de la fonte de la neige, le torrent emporte dans ses flots bourbeux, terre, arbres, quelquefois maisons et troupeaux; et comme son cours touche presque à la mer, le limon fertilisateur, au lieu de se déposer lentement sur ses rives, est à jamais perdu, au moins pour l'époque actuelle. Le lendemain la grève reparaît nue et stérile, comme la veille de l'orage.

Un peu après la traversée des rivières, la route carrossable tourne directement au S. La station du chemin de fer, où vous attend la correspondance de Médéah, si vous avez préféré cette combinaison, est à quelques pas. C'est :

58 kil. **La Chiffa** (2,760 hab.). Village créé en 1846, à moitié détruit par le tremblement de terre de 1867; il s'est aujourd'hui relevé de ses ruines. Un canal de dérivation fertilise son territoire, et sa position, au débouché des routes du S., lui assure une certaine prospérité.

En le quittant, on ne tarde pas à rejoindre la route de Médéah.

58 kil. 5. *Manufacture de crin végétal*, entourée de beaux jardins plantés d'orangers. Les feuilles de palmier-nain sont séchées et réduites en filasse très ténue, qui est ensuite roulée en cables; on la colore en noir au moyen d'un lavage dans une infusion de bois de campêche. Les condamnés militaires sont employés à ces divers travaux.

A partir de ce point, la route commence à monter légèrement, suivant la rive droite de la Chiffa et l'on ne tarde pas à voir se dessiner l'ouverture des gorges, dont les parois s'inclinent comme les deux branches d'un V. La rivière s'est creusé un chemin au milieu des roches schisteuses, qui s'effritent constamment sous l'action de l'air et de l'eau. Aussi ne voyons-nous pas ici, comme dans les brèches des calcaires durs, ces murs verticaux menaçants, qui éveillent les légendes des coups d'épée de géants; rarement la pente dépasse l'inclinaison normale des talus. Les deux versants se couvrent d'une maigre végétation de chênes-liège, de caroubiers, de lentisques. Çà et là, une tache grisâtre, nue, annonce un éboulement récent.

La route suit le versant O. taillée en corniche en quelques endroits, et domine alors à pic les gouffres du torrent.

61 kil. *Auberge de Sidi-Madani.*

64. kil. **Ruisseau des singes.** Ce point est la limite ordinaire de la promenade ; il est à mi-chemin des gorges, et placé à l'endroit où le paysage est le mieux caractérisé. On y trouve une bonne auberge, cachée dans le creux d'un ravin, d'un aspect coquet et séduisant ; un micocoulier, plusieurs fois séculaire, la domine de son beau feuillage, et le ruisseau qui coule à ses pieds l'égaye de ses cascades. Les murs de l'établissement sont couverts de dessins, pleins de verve et d'humour, dus au pinceau d'un officier-artiste ; le thème est une sarabande échevelée de singes et de chiens.

Pour mieux voir l'ensemble des gorges de la Chiffa, il faut escalader le ravin qui est en arrière de l'auberge. Le commencement de l'ascension est facilité par des allées en zigzag, qui traversent une ancienne *annexe du Jardin d'acclimatation* pour les essais de culture du *Quinquina*. A en juger par la végétation précoce et vigoureuse des micocouliers, des lauriers et des câpriers sauvages, l'endroit paraît bien choisi, abrité des vents du S. et du N. Mais peut-être, un judicieux discernement n'a-t-il pas présidé au choix des espèces à acclimater, comme cela est arrivé pour le *Caféier*, dont la culture en Algérie nous paraît parfaitement réalisable, malgré les premières tentatives infructueuses. Quoi qu'il en soit, il ne reste rien des plantations de quinquina.......... que la maisonnette du jardinier.

Des troupeaux de singes, effrayés par la présence des promeneurs, se retirent dans les plus hautes branches des arbres, et se vengent par leurs grimaces et leurs ricanements, du trouble que vous apportez dans leurs repas et dans leurs jeux.

Arrivé au haut du ravin, vous dominez la coupure de la Chiffa, et pouvez embrasser du regard les flots bleu de la mer à l'horizon, le massif du Sahel, la plaine de la Mitidja, et les montagnes qui lui servent de ceinture.

. . . .

Quelques cents mètres au delà du Ruisseau des

Singes, qui marque le point le plus élevé de la traversée des gorges, la Chiffa fait un léger coude à droite. La route, qui en suit les détours tourmentés, descend vers Médéah et fuit de là vers le S., le *pays du soleil!*

Peut-être y conduirons-nous, quelque jour, le touriste qui a bien voulu nous suivre jusqu'ici.

INDEX ALPHABÉTIQUE

DES PRINCIPAUX SUJETS TRAITÉS DANS LE GUIDE

ALGER-VILLE

Aïssaoua	99	Casbah	113
Amirauté	66	Cathédrale	71
Archevêché	62	Cercles	98
Arsenal de l'artillerie	125	Climat	45
		Commerce	48
Aspect général	1		
Bains français	11	Description générale en 1524	20
— maures	11	Description générale en 1830	25
Banques	69		
Bibliothèque de la Direction générale	90	Description générale en 1887	28
Bibliothèque-Musée	85	Écoles supérieures	91
		Églises	74
Bibliothèque de la Ville	91	Exposition permanente	95
Bibliothèque universitaire	93		
		Gouvernement général de l'Algérie	50
Cafés	10		

Histoire	15	Quartier arabe	38
Hôtels	10	Races diverses	40
Importance d'Alger	14	Remparts turcs	112
Industrie française	49*	Réunion des officiers	123
Industrie indigène	49		
Jardin Marengo	33	Rues, boulevards, places, etc.	30
Jénina	63		
Mosquées	80	Société d'Agriculture	85
Mosquée (grande)	75	Société des Beaux-Arts	85
Mosquée de la Pêcherie	77	Société de Climatologie	84
Observatoire	93	Société historique algérienne	83
Palais du Gouverneur	59	Synagogue	83
Plan d'Alger	28		
Population	45	Théâtres	99
Port	2		
Publications périodiques	97	Zaouïa de Sidi-Abderrahman	81
Quais	8	Zaouia de Mohammed-ech-Chérif	82

ENVIRONS D'ALGER

Agha (l')	184	Beni-Salah (piton des)	233
Baba-Ali	206	Bir-Khradem	179
Beni-Mered	224	Birmandreïs	178

Bir-Touta	206	Frais-Vallon	152
Bir-Traria	152		
Blidah, Description	230	Grotte préhistorique	
— Histoire	227	du Grand rocher	136
— Commerce, industrie	232	Gué de Constantine	205
		Guyotville	139
Bou-Farik. Description	208	Hôpital civil	184
Bou-Farik. Histoire	209	Hôpital militaire du Dey	157
Bou-Farik. Marché	221		
Bouzaréa (vallon de la)	154	Hussey-Dey	197
Bouzaréa (village de la)	169	Jardin d'acclimatation	188
Chéragas	146	Kouba	181
Chiffa (gorges de la)	238		
Chiffa (village de la)	240	Lycée de Ben Aknoun	170
Cimetières	135		
Cité Bugeaud	154		
Cité d'Isly	187	Maison-Carrée	204
Colonne Voirol	176	Mitidja (plaine de la)	206
		Mustapha-Inférieur	183
Dolmens des Beni-Messous	139	Mustapha-Supérieur	171
El-Biar	148	Notre-Dame d'Afrique	160
Expédition des Espagnols en 1541	198		
		Palais d'été du Gouverneur	174
Femme sauvage (ravin de la)	193	Phare du cap Caxine	137
Fort-l'Empereur	148	Pointe-Pescade	137

Ruisseau des Singes............	241	Staouéli (la trappe de)............	145
Ruisseau (village du).............	182	Staouéli (village de).	140
		Tixeraïn............	180
Salpêtrière.........	133	Tombeau du rabbin	
Saint-Eugène......	136	Isaac Barchichat.	133
Siège d'Alger en 1830............	167	Tombeau du rabbin b. Simah Durand.	131
Sidi-Khralef.........	146		
Sidi-Ferruch........	141	Vallée des Consuls.	31

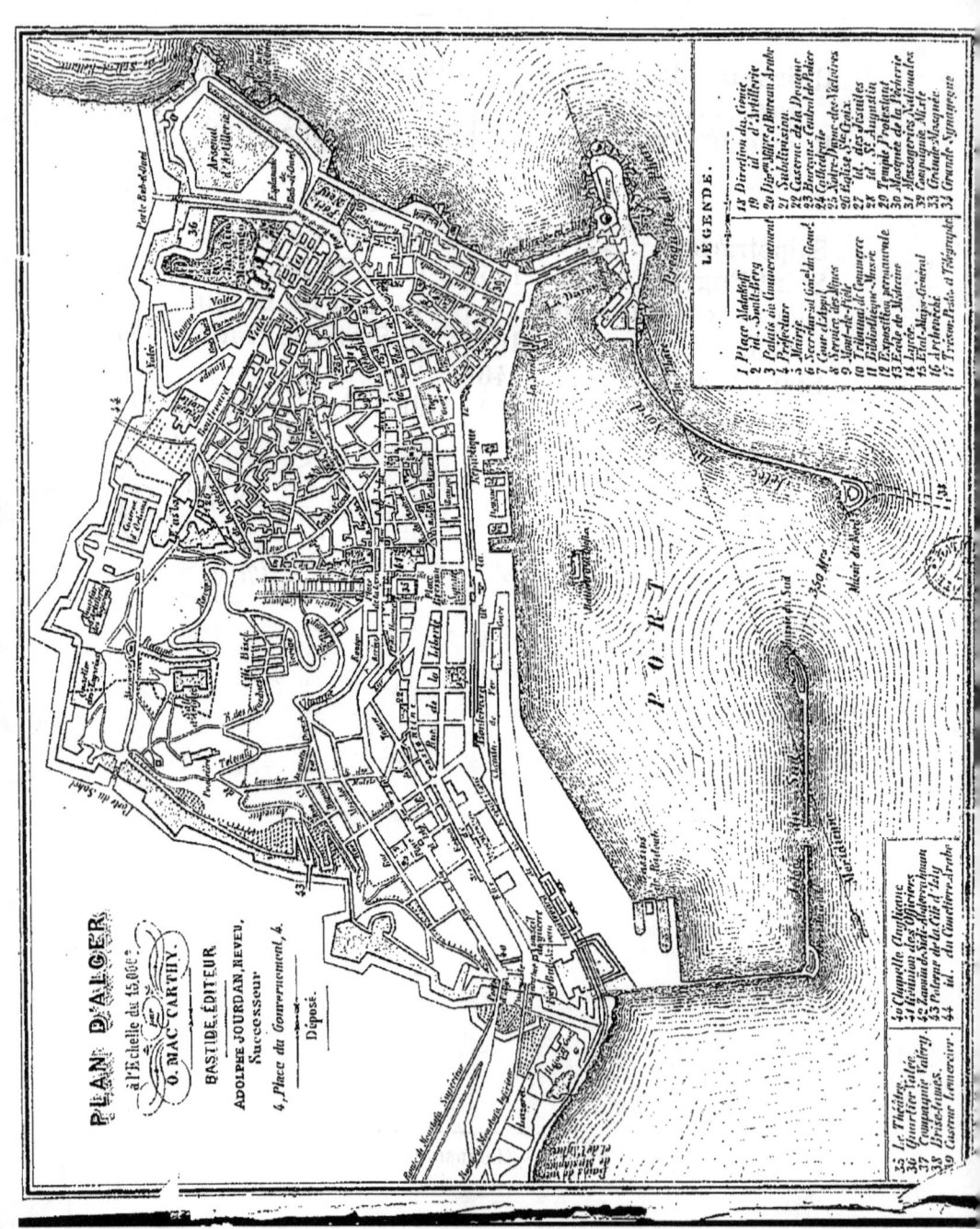

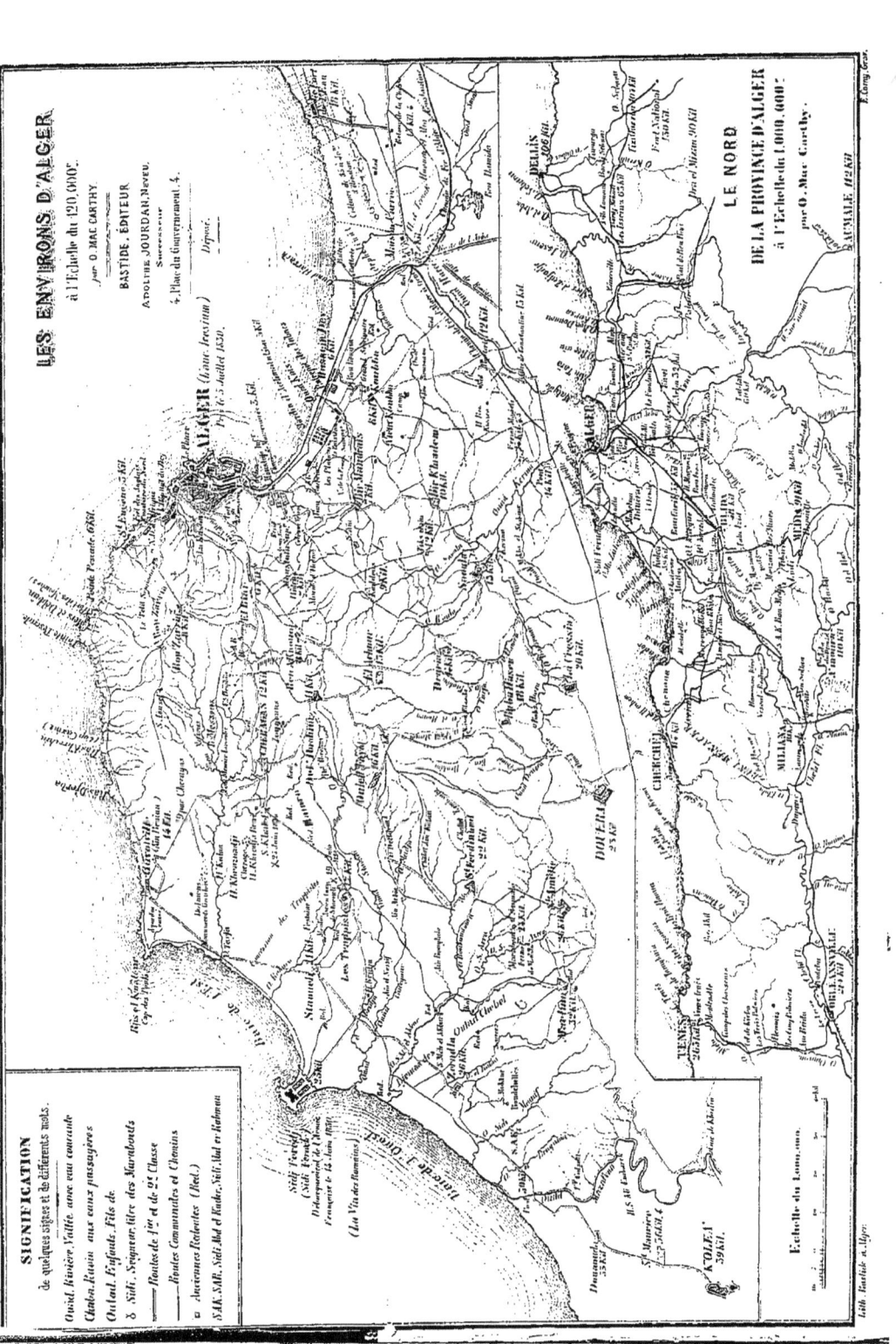

www.ingramcontent.com/pod-product-compliance
Lightning Source LLC
Chambersburg PA
CBHW070638170426
43200CB00010B/2064